아름다운 우리문화 산책

시, 음악, 그림, 풍속으로 보는 한국 전통문화

아름다운 우리문화 산책

김영조 지음

인물과
사상사

날마다 글을 쓰며
행복한 순간을 담다

하늘 선녀가 어느 해 젖가슴 한쪽을 잃어버렸는데 天女何年一乳亡

오늘에 우연히 문방구점에 떨어졌다네 今日偶然落文房

나이 어린 서생들이 앞다퉈 손으로 어루만지니 少年書生爭手撫

부끄러움을 이기지 못해 눈물만 주르륵 흘리네 不勝羞愧淚滂滂

붓으로 글을 쓰던 시절, 벼루에 따르기 위해 물을 담아놓는 작은 연적 하나를 두고 이름 모를 한 선비가 이렇게 표현했습니다. 젊은 서생들의 손길이 부끄러워 하염없이 눈물을 흘린다고 한 '백자 무릎모양 연적'을 들여다볼라치면 묘한 운치가 있습니다. 먹을 갈 때마다 만지작거린 연적 하나에서도 풍류를 느끼던 선비들의 시대는 가고, 이제 우리는 따각따각 소리를 내는 컴퓨터 자판을 두들기며 글을 씁니다.

아니, 어쩌면 자판을 두들겨 글을 쓰던 시대도 가고 있는지 모릅니다. 손끝으로 살짝 눌러 슬기전화(스마트폰) 화면에 몇 글자를 끄적이는 시대를 살고 있습니다. 그렇다고 해서 우리가 묵향墨香의 시대를 아주 잊은 것은 아닙니다. 자판을 두들겨서 나오는 글의 홍수시대일수록, 가슴속으로는 옛 선비들이 지녔던 '소소한 일상에 대한 감상'을 더욱 그리워하고 있는지도 모릅니다.

시비를 겪고 나서 몸은 지쳤고 是非閱來身倦

영욕을 버린 뒤라 마음은 비었다 榮辱遣後心空

사람 없는 맑은 밤 문 닫고 누우니 閉戶無人淸夜

들려오는 저 시냇가 솔바람 소리 臥聽溪上松風

— 홍세태洪世泰, 「우음偶吟」

오늘날 머리가 복잡해지고 혼란이 가중되는 일상 속에서, 조선의 선비 홍세태의 말처럼 우리의 몸과 마음이 지쳐가고 있습니다. 그럴수록 시냇가의 솔바람 소리라도 들으며 지친 몸과 마음을 다독여야 할 텐데요. 저는 아침마다 맑고 영롱한 노랫말을 읽어왔습니다. 또한 연적 같은 작은 물건을 벗으로 삼던 선현先賢의 따스한 심성을 마주하면서, 날마다 짧고 읽기 편한 글을 써서 많은 사람에게 알려오고 있습니다. 바로 한국문화편지 〈얼레빗으로 빗는 하루〉입니다.

지난 2004년부터 쓰기 시작하여 올해 정유년(단기 4350년) 3월 31일로 3,527회를 맞은, 제 분신과도 같은 작업입니다. 살갑고 정겨우면서도 우리 겨레의 속살을 잘 드러내는 글을 햇수로 어언 13년 동안 줄기차게 써내려 올 수 있었던 것은, 독자들의 보이지 않는 관심과 사랑 덕분이라고 믿습니다. 그동안 써온 한국문화편지를 엮어서 『하루하루가 잔치로세』와 『키질하던 어머니는 어디 계실까?』라는 두 권의 책을 세상에 내놓았습니다. 그중 『하루하루가 잔치로세』는 2012년 문화체육관광부 우수교양도서에 선정되기도 했지요. 이번에 또 다시 엄선한 내용으로 세 번째 책을 내게 되어 감개무량합니다. 우리문화를 제대로 다룬 책이 별로 없는 독서계에도 크게 기쁜 일이라고 감히 자부합니다.

저는 문화를 통해 모두가 행복해지는 세상을 꿈꿉니다. 그러니 몇 즈믄(누천년) 이어져온 우수한 배달겨레의 문화를 우리 이웃에게 알리는 일을 앞으로도 쉬지 않고 계속할 것입니다. 고맙습니다.

단기 4350년(서기 2017년) 얼음새꽃이 봄을 품은 날
서울 영등포나루에서
한갈 김영조

차례

제5장 옷과 꾸미개

제6장 풍속

제7장 인물

제8장 한시

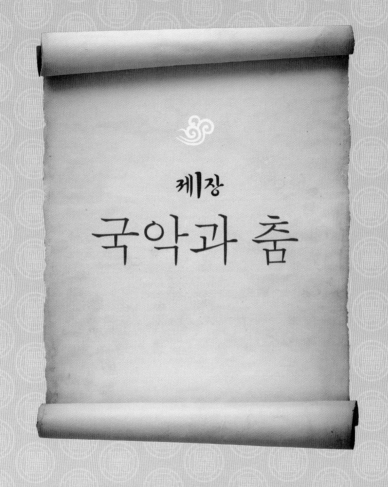

제1장

국악과 춤

절제미와 정중동이
아름다운 우리 춤

국악에는 궁중과 양반이 즐기던 정악正樂과 백성이 즐기던 민속악民俗樂
이 있지요. 다시 말하면 양반은 절제된 음악(정악)을 몸과 마음을 닦는 수단
으로 썼고, 백성은 민속악을 삶의 한恨을 풀어내는 도구로 즐겼습니다. 그런
데 이러한 구분법은 바로 전통춤에도 적용됩니다. 궁중무용과 민속무용이
지요. 말 그대로 궁중무용은 궁궐에서 추던 춤이고, 민속무용은 궁궐이 아
닌 민가에서 즐긴 것입니다. 예를 들면 검무, 처용무, 포구락, 수연장, 봉래
의, 학무 같은 것은 궁중무용이고, 민속무용에는 승무, 살풀이, 한량무, 강강
술래, 탈춤 따위가 있습니다.

그런데 실제로는 민속무용이라 하더라도 탈춤 같은 몇 가지를 빼면 대부
분 춤이 궁중무용의 성격을 지니고 있습니다. 특히 나라의 평안과 태평성대
를 기리는 뜻을 담은 엄숙하면서도 화려한 태평무, 웅혼한 기상과 진취성을
띤 진쇠춤은 궁중무용에 많이 가깝습니다. 민속무용에서 많이 추는 승무와
살풀이도 궁중무용처럼 절제된, 정중동靜中動과 동중정動中靜의 형태를 띠지

절제미와 정중동이 아름다운 우리 춤은 움직이는 듯 멈추고 멈춘 듯 움직이는 모양새가 기본이다. 승무, 진쇠춤, 태평무(왼쪽부터).

요. 그런 춤들은 움직이는 듯 멈추고 멈춘 듯 움직이는 모양새가 기본이라고 할 수 있습니다. 우리 춤은 흥겨움에 몸이 자유자재로 움직이다가 신명이 정점에 다다르면 자신도 모르는 무아지경에 빠져 한순간 멈춥니다. 그런가 하면 어느새 다시 격렬한 움직임의 세계로 이어집니다. 그렇게 정중동과 동중정이 이어질 수 있는 까닭은 춤동작의 형태와 형태가 이어지는 춤이 아니라 선과 선이 연결되는 춤이기 때문입니다.

정중동은 '겉으로는 숨 막힐 듯 조용한 가운데 속으로는 부단한 움직임'이 이어지며, 동중정은 '겉으로 강렬하게 요동치는 듯하지만, 속으로는 끊임없이 조화를 추구'하는 것입니다. 특히 무대예술로 승화된 대표적인 민속 춤인 살풀이나 승무, 태평무 등에서 보면 두 장단이나 세 장단을 제자리에서 꼼짝하지 않고 멈추어 있기도 합니다. 바로 이렇게 정지된 상태에서 여백의 아름다움이 발산된 뒤 살풀이 수건이나 승무의 장삼이 용솟음하듯 몰아치는 모습을 보면, 끊임없이 긴장과 이완이 반복되는 우리 삶의 세계를 보는 듯합니다. 일제강점기 일본의 영향을 받은 교태 어린 춤을 추는 춤꾼들이 가끔 보이지만, 진짜 우리 춤은 절제미와 정중동의 표현이 아름다운 것이지요.

남창가곡 편락,
〈나무도〉를 들어보셨나요?

우리나라 전통성악곡인 가곡歌曲에는 남자가 부르는 남창가곡과 여성이 부르는 여창가곡이 있습니다. 또한 우조羽調와 계면조界面調로 구성되어 있는데요. 우조는 밝고 힘이 있으며 활기찬 느낌의 가락이고, 계면조는 조금 어둡고 잔잔한 서정이 느껴지는 곡입니다. 조선시대 선비들이 자신의 마음을 닦기 위해 했다는 남창가곡은 정말 담백하면서도 저 가슴 속 깊은 곳에서 우러나오는 심연의 소리입니다.

그런데 남창가곡 가운데 반우반계 편락編樂 〈나무도〉를 들을 기회가 있었습니다. 처음에는 우조로 시작해서 중간쯤 계면조로 바뀌게 되어서 '반우반계半羽半界'라는 이름이 붙었습니다. 사설을 가만히 들어보면 나무도 바위도 없는, 곧 숨을 곳이라고는 전혀 없는 산에서 매에게 쫓기는 까투리의 심정을 노래합니다. 그리곤 큰 바다 한가운데서 풍랑과 안개를 만나고, 해는 기울고, 노도 잃고 닻도 끊어졌으며, 설상가상으로 도둑 무리를 만난 사공의 심경을 노래합니다.

가곡 편락 〈나무도〉를 불러 청중을 휘어잡았던 박문규 명인.

이 편락 〈나무도〉를 가객은 힘 있게, 그러면서도 담백하고 차분하게 불러 갑니다. 마치 사랑하는 사람과 헤어지기나 한 것처럼 무척 절박하면서도 한 편으론 절제 속에서 청중을 휘어잡습니다. 황진이 무덤에서 시조 한 수 지었다가 삭탈관직당한 임백호 선비를 보는 듯했지요. 가객은 그렇게 우리를 꼼짝 못하게 했습니다.

옛 선비들이
운율을 붙여 책을 읽던 송서

신수이후身修而后에 가제家齊하고 가제이후家齊而后에 국치國治하고 국치이후國治而后에 천

하평天下平이니라. 자천자이지어서인自天子以至於庶人히 일시개이수신위본壹是皆以修身傷本이

니라.

(자기가 수행된 이후에 가정이 다스려지고, 가정이 다스려진 뒤에 나라가 다스려지고 나라가 다스

려진 뒤에야 천하가 태평해지느니라. 천자부터 모든 백성에 이르기까지 모두 한결같이 수신을 근본

으로 삼아야 하는 것이니라.)

    유교 경전인 『대학大學』에 나오는 내용입니다. 옛 선비들은 이와 같이 한
문으로 된 책을 읽고 또 읽었습니다. 단순히 읽기만 하는 것이 아니라 외워
야만 과거시험을 볼 수 있었습니다. 그런데 어려운 한문 문장을 그저 읽으
면 따분하고 졸리므로, 선비들은 글에 운율을 붙여 읽었습니다. 그래서 그
많은 한문책을 통달할 수 있었던 것입니다.

    그렇게 글을 읽을 때 운율을 붙여 읽고 외우는 것을 '송서誦書'라 했습니

서울시무형문화재 제41호 송서·율창 예능보유자 유창 명창. 옛 선비들은 글을 읽을 때 운율을 붙여 읽고 외웠다.

다. 그리고 시에 곡조를 붙여 읽는 것은 '율창律唱'이라 했지요. 이런 우리의 오랜 전통문화는 일제강점기를 거치면서 그 맥이 끊겼습니다. 요즘은 한 해에 책 한 권도 읽지 않는 사람이 많지만 예전에는 집집마다 책 읽는 송서소리가 들렸고, 그러면 지나가던 나그네도 듣다가 가곤 했다지요. 그 아름다운 송서 문화를 다시 꽃피우기 위해 가객들은 혼신의 힘을 다합니다.

양반을 거침없이 비꼬는
말뚝이

"이놈 말뚝아! 이놈 말뚝아! 이놈 말뚝아!"

"예에에. 이 제미를 붙을 양반인지 좃반인지 허리 꺾어 절반인지 개다리 소반인지 꾸레 이
전에 백반인지 말뚝아 꼴뚝아 발 가운데 쇠뚝아 오뉴월에 말뚝아 잔대뚝에 메뚝아 부러
진 다리 절뚝아 호도엿 장사 오는데 할애비 찾듯 왜 이리 찾소?"

한국 전통탈춤의 하나인 봉산탈춤 제6과장 〈양반과 말뚝이 춤〉에서 양반
이 말뚝이를 찾자 말뚝이가 양반들을 조롱하는 사설입니다. 옛날 양반이나
벼슬아치들이 타는 말을 다루는 사람을 말구종이라 했고, 이들이 머리에 쓰
는 것을 말뚝벙거지라 했습니다. 말구종이 말뚝벙거지를 썼다 해서 '말뚝
이'라고 부른 듯합니다.

한국 탈춤에서 가장 중요한 배역을 말하라면 당연히 말뚝이입니다. 말뚝
이는 소외받는 백성의 대변자로 나서서 해학적이고 풍자적인 대사로 양반
을 거침없이 비꼽니다. 특히 말뚝이는 양반을 희화화하는 것을 넘어서 봉건

강령탈춤, 수영야류, 동래야류, 고성오광대에서 쓰는 말뚝이 탈(왼쪽부터). 국립민속박물관 소장.

질서까지 신랄하게 비판해대지요. 그래서 양반들에게 고통받고도 울분을 배출할 데가 없던 이들은 탈춤에서 말뚝이를 보고 신이 납니다.

거문고 명인 백아는
왜 거문고 줄을 끊었을까?

거문고 타던 백아는 그 소리를 제대로 알아듣는 종자기가 죽고 나자 세상이 텅 빈 듯하여 이제 다 끝났다 싶어서 허리춤의 단도를 꺼내어 거문고 다섯줄을 북북 끊어버리고 거문고 판은 팍팍 뽀개 아궁이의 활활 타는 불길 속에 처넣어 버리고 스스로 이렇게 물었겠지. '네 속이 시원하냐?' / '그렇고말고.' / '울고 싶으냐?' / '울고 싶고말고.'
 — 신호열 · 김명호 옮김, 『연암집』

연암 박지원朴趾源이 안의 현감으로 있을 때 한양 벗들의 안부를 묻는 편지 일부입니다. 특히 이덕무李德懋가 죽고 나서 백아처럼 홀로 남은 박제가朴齊家가 걱정이 되어 쓴 것입니다. 자신의 거문고 소리를 알아주는 친한 벗이 죽었을 때 백아(중국 춘추시대 거문고 명인)의 심정 같은 박제가의 심정을 박지원은 마치 곁에서 본 듯 절묘하게 묘사합니다.

종자기는 백아가 산을 생각하며 연주하면 "좋다, 우뚝하기가 마치 태산 같구나"라고 하였고, 흐르는 물을 마음에 두고 연주하면 "좋다, 도도양양하

박주수가 그린 박지원 초상. 실학박물관 소장.

기가 마치 강물 같구나"라고 했습니다. 그 정도로 백아의 음악을 뼛속 깊이
이해하던 벗이 죽었을 때 어찌 거문고 줄을 끊어버리고 판을 빠개지 않을
수 있을까요? 종자기처럼 뛰어난 연주는 못해도 남의 음악을 깊이 새겨들
을 줄 아는 사람을 '귀명창'이라고 합니다. 음악 연주자는 곁에 자기 음악을
뼛속 깊이 사랑해주는 귀명창이 있을 때 행복합니다.

이도령이 춘향이를 그리면서 읽은
엉뚱한 천자문

오매불망 우리 사랑 규중심처 감출 '장', 부용작약의 세우 중에 왕안옥태 부를 '윤', 저러한 고운태도 일생 보아도 남을 '여', 이 몸이 훨훨 날아 천사만사 이룰 '성', 이리저리 노나다가 부지세월 해 '세', 조강지처는 박대 못 허느니 대전통편의 법중 '율', 춘향과 날과 단둘이 앉어 법중 '여', 자로 놀아보자.

김세종제 〈춘향가〉 사설 가운데 '천자 뒤풀이' 대목입니다. 원래 『천자문 千字文』은 중국 양梁나라 때 주흥사周興嗣가 1구 4자로 250구, 모두 1,000자로 지은 책이지요. 하룻밤 사이에 이 글을 만들고 머리가 허옇게 세었다고 하여 '백수문白首文'이라고도 하는데, 우리나라에서는 예부터 한자漢字를 배우는 입문서로 널리 쓰였습니다. 우리나라에서도 여러 천자문이 나왔는데 특히 석봉 한호가 지은 『석봉천자문』이 가장 유명합니다.

그런데 앞의 〈춘향가〉 사설을 보면 이몽룡이 원래의 천자문을 읽을 정신이 없습니다. 광한루에서 춘향을 보고 한눈에 반한 이몽룡이 방자를 보내 만나기를 청하지만 춘향은 "꽃이 어찌 나비를 찾느냐"면서 자신을 찾아오라는 뜻을 은근히 비칩니다. 그러자 이몽룡이 춘향을 만나러 갈 밤이 되기를 기다리면서 천자문을 잡지만 책에 쓰인 글 대신 춘향이 만날 생각에 엉뚱한 천자문이 되어 나오는 것이지요.

이 '천자 뒤풀이'처럼 말을 재미있게 엮어나가는 것으로 '국문 뒤풀이'도 있습니다. '국문 뒤풀이'는 서울 지방에서 널리 불리던 경기잡가京畿雜歌의 하나로 '언문 뒤풀이'라고도 하는데, 국문 곧 우리말로 된 여러 가지 말을 엮어나가

한석봉이 지은 『석봉천자문』 목판본. 국립민속박물관 소장.

는 것입니다. "가나다라마바사아자차 잊었구나 기역 니은 디귿 리을 기역 자로 집을 짓고 지긋지긋 지긋이 살쟀더니 가갸거겨 가문 높은 우리 임은 거룩하기 짝이 없네"라고 노래합니다. 판소리든 잡가든 사설을 알고 들으면 참 재미납니다.

스트라디바리우스보다
150년이나 앞선 탁영거문고

조선 중기 사대부 화가 낙파駱坡 이경윤李慶胤의 〈월하탄금도月下彈琴圖〉를 보면 한 남자가 달을 보며 무심하게 거문고를 탑니다. 그런데 이 거문고는 줄이 없는 무현금無絃琴입니다. 중국의 도연명은 음악을 모르면서도 무현금 하나를 마련해 두고 항상 어루만지며 '거문고의 흥취만 알면 되지 어찌 줄을 퉁겨 소리를 내야 하랴'라고 했다지요. 옛 선비들은 마음을 닦기 위해 거문고를 연주했다고 하는데, 그래서 줄이 없어도 괜찮았던가 봅니다.

아! 이 오동은
나를 저버리지 않았으니
서로 기다린 게 아니라면
누구를 위해 나왔으리오.

현재 전해지는 거문고 가운데 가장 오래되었다는 '탁영거문고'에 새겨진 시입니다. 탁영거문고는 탁영濯纓 김일손金馹孫이 27세였던 성종 21년(1490년)에 100년 된 헌 문짝으로 만들었다고 전해지지요. 김일손은 무오사화의 대표적인 희생자로 연산군 4년(1498년)에 34세의 나이로 능지처참을 당했지만 영원히 탁영거문고에 살아 있습니다. 1644년에 만들어진 스트라디바리우스Stradivarius를 서양 현악기의 걸작이라고 하는데, 우리에게는 그보다 무려 150년이나 앞선 탁영거문고가 있습니다.

낙파 이경윤의 〈월하탄금도〉. 고려대학교박물관 소장.

기생의 가냘픈 기다림을
노래한 가곡 〈바람은〉

바람은 지동치듯 불고 구진비는 붓듯이 온다 / 눈 정에 거룬 님을 오늘 밤에 서로 만나
자 허고 / 판첩처서 맹서 받았더니 / 이 풍우 중에 제 어이 오리 / 진실로 오기 곳 오량이
면 연분인가 하노라.

여창가곡 우조 우락羽樂 〈바람은〉의 가사입니다. 여창가곡 가운데 가장 많
이 불리는 노래지요. 이 노래의 주인공은 아마도 기생인 듯한데 임을 하염
없이 기다리는 심정이 잘 드러납니다. 주인공은 "아무리 맹세하고 약속했
지만 이 폭풍우 중에 과연 임이 올까?"라고 걱정하면서도 만일 온다면 우리
는 진정 인연일 것이라며 가냘프게 노래합니다. 이 노래를 한 기생은 과연
그날 밤 꿈같은 만남을 이루었을까요?

　가곡은 시조의 시를 5장 형식에 얹어서 부르는 노래로, 피리 · 젓대(대금)
· 가야금 · 거문고 · 해금의 관현악 반주와 함께하는 한국의 전통성악곡입
니다. '만년장환지곡萬年長歡之曲'이라고도 합니다. 노래 부르는 사람의 성별

전통가곡을 부르는 황숙경 명창. 한국의 전통성악곡인 가곡은 유네스코 인류무형문화유산으로 지정되었다.

에 따라서 남창가곡, 여창가곡, 남녀창가곡으로 나뉩니다. 이 가운데 남창가곡은 호탕하고 강한 느낌이며, 여창가곡은 애절하고 원망하는 듯한 소리를 내지만 전반적으로는 아주 청아하고 맑은 노래입니다. 2010년 11월 16일 열린 제5차 무형문화유산정부간위원회에서 유네스코 인류무형문화유산에 오른 가곡은 그 예술성이 시조와 가사에 견주어 아주 뛰어나다는 평을 받습니다.

취타대를 화려하게 하는
운라

덕수궁 정문인 대한문이나 경복궁 정문 광화문 앞에 가면 수문장 교대식을 보게 됩니다. 그때 취타대가 연주하는 악기 가운데 '운라雲鑼'가 있습니다. '구운라九雲鑼' 또는 '운오雲璈'라고도 하며, 둥근 접시 모양의 작은 징小鑼 10개를 나무틀에 달아매고 작은 나무망치로 치는 악기입니다.

틀架子 아래에 자루가 달린 것과 방대方臺가 붙은 것이 있는데, 길을 행진하면서 연주하는 행악行樂 때에는 자루를 왼손으로 잡고 치며, 고정된 위치에서 연주할 때에는 대받침(방대)에 꽂아놓고 치게 되어 있지요. 징의 지름은 10개가 모두 같으나, 두께에 따라 얇으면 낮은 음이 나고 두꺼워질수록 높은 소리가 납니다. 운라는 3개씩 3열로 배열하되 하나는 가운데 열 맨 위에 놓입니다.

운라는 조선 후기부터 쓰인 것으로 보입니다. 『고려사악지高麗史樂志』(1451년)나 『악학궤범樂學軌範』(1493년)에는 보이지 않고 조선 후기 풍속화를 그린 병풍에 처음 보이며, 순조 때의 『진연의궤進宴儀軌』(1828년)에 나옵니다. 맑

조선 후기부터 쓰인 국악기 운라. 취타
대에 화려함을 더해준다.

고 영롱한 음색으로 취타대에 화려함을 더해주는 운라 소리를 들으러 대한
문 앞에 가볼까요?

돌로 만든 악기,
편경을 아십니까?

편경編磬은 고려 예종 11년(1116년)에 중국에서 편종과 함께 들어와 궁중 제례악에 사용된 악기입니다. 처음에는 편경을 만들 돌이 없어서 중국에서 수입해서 만들거나, 흙을 구워서 만든 와경瓦磬을 편경 대신 썼습니다. 그러다 조선 세종 7년(1425년) 경기도 남양에서 경석磬石이 발견되어 세종 9년(1427년) 12매짜리 편경 한 틀이 우리나라에서 처음으로 만들어졌습니다.

편경은 습도나 온도의 변화에도 음색과 음정이 변하지 않아 모든 국악기를 조율할 때 표준이 됩니다. 『세종실록』에 나오는 편경은 12개로 편성되었지만 성종 때 쓰인 편경은 16매짜리였고, 이후로 지금까지 16매를 씁니다. ㄱ자 모양으로 만든 16개의 경석을 음높이 순서대로 위·아래 두 단에 8개씩 붉은 노끈으로 매다는데, 경석이 두꺼우면 소리가 높고 얇으면 소리가 낮지요.

편경의 틀을 보면 두 사각 방대 위에 흰기러기 한 쌍을 앉히고, 그 위에 나무틀을 세워 양편에 봉황머리를 조각했습니다. 여기서 암수 사이가 좋은

돌로 만든 악기 편경. 모든 국악기를 조율할 때 표준이 된다. 국립고궁박물관 소장.

흰기러기는 절개 있고 청빈한 선비를 상징하지요. 기러기가 하늘을 날듯이 편경 소리가 멀리서도 잘 들리기를 바라는 마음으로 편경에 기러기를 앉힌 것으로 보입니다. 또한 봉황 장식은 '봉황이 나타나면 성군이 덕치를 펼쳐 세상이 태평해진다'고 믿었던 마음을 표현한 것이지요.

〈농부가〉를 부르며
혹독한 삶을 이겨낸 농부들

우리 민요 가운데 〈농부가〉가 있지요. 노랫말은 부르는 이에 따라 다양한데 "어~~화 농부님 서마지기 논빼미가 반달만큼 남았네. 니가 무슨 반달이야 초생달이 반달이로다"라는 노래는 우리에게 익숙합니다. 아마도 이 〈농부가〉를 불렀던 이는 수령이나 양반들에게 다 빼앗기고 논이 반달만큼 남았었나 봅니다. 얼마나 착취를 당했으면 농사지을 땅이 반달만큼 남았는지 기가 막힐 일이겠지만 그래도 농부는 노래 한 토막으로 마음을 달랩니다.

그런가 하면 이런 노랫말도 있습니다. "어화~어화 여어루 상~사~듸이여 우리남원 사판이다 어이하여 사판인고 부귀와 임금은 농판이요 장천태수는 두판이요. 육방관속은 먹을판 났으니 우리 백성들 죽을판이로다." 여기서 '사판'이란 死板, 곧 '죽을 판국'을 말합니다. 흔히 "이판사판이다"라고 할 때 쓰는 말이지요. 또 '농판'은 '바보판'을 이르는 전라도 사투리입니다. 벼슬아치들이 가렴주구苛斂誅求에 혈안이 되어 있으니, 백성이 '살 판'이 아니라 '죽을 판'이 되는 것이겠지요.

〈농부가〉는 이어집니다. "어화~어화 여어루 상~사~듸이여 여보소 농부님 말 듣소 어화 농부들 말 들어 고대광실을 부러 말소 오막살이 단칸이라도 태평성대가 제일이라네." 농부는 비록 단칸 오막살이에 살망정 태평성대만 되면 고대광실을 부러워하지 않겠다고 합니다. 고려시대와 조선시대 백성들은 연이은 흉년과 벼슬아치들의 횡포, 왜구의 노략질에 극도로 피폐한 삶을 살아야 했습니다. 그렇지만 슬픔에 빠져 있지 않고 스스로 노래를 지어 고난에 찬 현실을 극복하며 살아갔던 것입니다.

단원 김홍도의 〈춘일우경春日牛耕〉. 국립중앙박물관 소장.

단소와의 병조가 아름다운
국악기 양금

　국악기 가운데 양금洋琴은 18세기 영조 때 유럽에서 청나라를 통해 들어온 악기입니다. '구라철사금歐邏鐵絲琴' 또는 '구라철현금歐羅鐵絃琴'이라고도 하며, 주로 민간의 정악 연주에 쓰였습니다. 사다리꼴 상자 위에 2개의 긴 괘를 세로로 질러 고정시키고, 괘 위에 14벌의 금속 줄을 가로로 얹은 다음, 대나무를 깎아 만든 가는 채로 줄을 쳐서 맑은 금속성의 소리를 내지요. 몸통은 오동나무판으로 만들며, 줄은 주석과 철의 합금으로 만듭니다.

　박지원의 『열하일기熱河日記』에 양금에 대한 기록이 나오며, 이규경의 『구라철사금자보歐邏鐵絲琴字譜』에도 양금에 대한 소개가 실려 있습니다. 풍류악기인 양금은 18세기부터 줄풍류와 가곡, 시조 따위의 노래 반주에 쓰였고, 궁중무용인 '학연화대처용무합설'에서도 그 소리를 만나볼 수 있지요. 요즘은 〈영산회상〉의 연주와 가곡 반주에 사용되고 있으며, 특히 단소와의

줄풍류　　현악기로 연주하는 풍류. 특히 거문고나 가야금이 중심이 된다.

여성스러운 듯한 음색에 맑은 금속성 울림이 있는 양금. 국립민속박물관 소장.

병조는 음색이 영롱하여 많은 이의 사랑을 받습니다.

양금의 음색은 여성스러운 듯하면서도 맑은 금속의 울림이 있지요. 또 양금은 같은 음도 힘을 달리해가면서 연주하는데, 끝을 맺을 때는 점점 힘을 여리게 하여 차츰 소리가 작아지면서 음악이 은은하게 사그라지듯 하지요. 약간은 인위적인 소리인 듯하면서도 그 안에 우리의 멋도 살며시 담겨 있는 악기 양금은 서양에서 들어왔지만 우리에 맞게 고쳐진 우리의 악기입니다.

종 하나를
나무틀에 매단 특종

　편종編鐘처럼 생긴 종 하나를 나무틀에 매단 국악기 특종特鐘을 보셨나요? 16개의 종을 가진 편종과 연원을 같이하는 중국 고대의 타악기라고는 하나, 고려 예종 11년(1116년)에 송나라의 휘종徽宗이 보낸 신악기 가운데는 특종이 없습니다. 『세종실록』 12년(1430년) 3월 5일에 나오는 특종은 당시에는 '가종歌鐘'이라고 했지요.

　그러다 성종 때 이 타악기를 비로소 '특종'이라고 불렀습니다. 길이가 62cm, 밑 부분의 지름이 29.3cm인 종 하나를 틀에 매달아 놓은 것인데, 이 종은 편종의 종보다 두 배나 큽니다. 특종은 동철과 납철을 화합하여 주조하지요. 특종의 음은 12율律의 기본음인 황종黃鐘입니다.

　오늘날 특종은 종묘제향宗廟祭享에서 제례악이 시작할 때만 연주됩니다. 박拍의 지휘에 따라서 한 번 연주되는데 특종의 연주에 이어서 축柷을 세 번, 북을 한 번 치지요. 이 동작이 세 번 반복되면, 특종과 박이 또 한 번씩 연주됩니다. 이처럼 박·특종·축·북의 연주가 있은 다음에 다른 악기들이 일

편종처럼 생긴 종 하나를 나무틀에 매단 국악기 특종. 국립고
궁박물관 소장.

제히 연주되지요. 다만 이 특종이나 박, 축은 종묘제례악 연주 때나 볼 수
있습니다.

칼을 휘두르며 추는
검무

칼을 휘두르는 것이 예술이 됩니다. 바로 '검무'를 말하는데 '검기무劒器舞' 또는 '칼춤'이라고도 하지요. 『동경잡기東京雜記』와 『증보문헌비고增補文獻備考』에 검무의 유래가 나옵니다. 신라 소년 황창黃昌이 백제에 들어가 칼춤을 추다가 백제의 왕을 죽이고 자기도 죽자, 신라인들이 그를 추모하기 위해 그 얼굴을 본떠 가면을 만들어 쓰고 칼춤을 추기 시작했다고 합니다.

그러나 조선 성종 때 펴낸 『악학궤범』에 나와 있지 않은 점으로 보아 조선 초기에는 성행하지 않은 듯합니다. 그 뒤 숙종 때 김만중金萬重이 쓴 〈관황창무觀黃昌舞〉라는 칠언고시에 따르면 기녀들이 가면 없이 추었습니다. 경술국치 이후 관기제도가 폐지됨에 따라 민간사회로 나온 기녀들이 계속 검무를 추었지만, 일부 지방에서만 그 명맥이 이어졌습니다.

현재 중요무형문화재로 지정된 것은 비교적 원형을 보존하고 있는 진주검무(중요무형문화재 제12호)가 유일합니다. 또 지방문화재인 평양검무(이북5도 무형문화재 제1호)가 있으며, 통영검무는 북춤과 함께 승전무(중요무형문화

검무를 추는 모습. 검무는 일부 지방에서만 그 명맥이 이어지고 있다.

재 제21호)에 포함되어 있습니다. 그밖에 문화재로 지정받지 못한 것으로 해주검무와 서울경기 지방에서 전해지던 재인청검무도 있습니다. 전립戰笠을 쓰고 전복戰服이나 쾌자掛子·快子를 입고 남색 전대戰帶를 맨 채 검무를 추는 공연을 보고 싶습니다.

전립   조선시대 군인들이 쓰던 벙거지.
전복   조선시대 무복의 하나로 겉옷 위에 덧입는 소매 없는 옷.
쾌자   소매가 없고 긴 군복.
전대   허리띠의 하나.

26편의 향악이 담긴
『시용향악보』

나례儺禮란 민가와 궁중에서 음력 섣달 그믐날에 묵은해의 귀신을 쫓아내려고 베풀던 의식을 말하는데,『시용향악보時用鄕樂譜』에 〈나례가儺禮歌〉가 전해지고 있습니다.『시용향악보』는 향악의 악보를 기록한 악보집으로 1권 1책으로 되어 있지요. 향악鄕樂은 삼국시대부터 조선시대까지 사용하던 궁중음악의 한 갈래로, 삼국시대에 들어온 당나라 음악인 당악唐樂과 구별되는 한국 고유의 음악을 말합니다.

『시용향악보』에는 악장을 비롯한 민요, 창작가사 등의 악보가 실려 있는데, 그 가운데 가사歌詞/歌辭는 모두 26편입니다. 1장에 수록되어 있는 가사 가운데 〈상저가〉, 〈유구곡〉을 비롯한 16편은 다른 악보집에 전하지 않아 귀중한 자료입니다. 이 16편에는 순 한문으로 된 〈생가요량〉, 한글로 된 〈나례가〉, 〈상저가〉 등이 있고, 〈구천〉, 〈별대왕〉과 같이 가사가 아닌 '리로노런나 로리라 리로런나' 같은 여음餘音만으로 표기된 것도 있습니다.

서울 서대문구의 (재)아단문고에는 보물 제551호로 지정된『시용향악보』

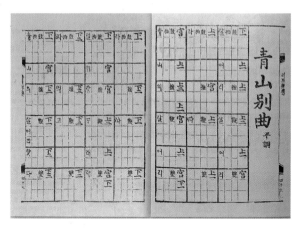

『시용향악보』에 실린 〈청산별곡〉. 『시용향악보』에는 민요, 창작가사 등의 악보가 실려 있다.

가 있는데, 여러 정황으로 미루어 조선 중기에 만들어진 것으로 보고 있습니다. 가사의 원형이 잘 보전되어 있는 이 책은 국문학 연구와 민속학 연구에 귀중한 자료로 평가받고 있습니다.

여음   가사 없이 감흥을 불러일으키거나 노래의 리듬을 위하여 별 뜻 없이 넣는 부분.

분노 대신 풍류와 해학으로
역신을 쫓는 처용무

서울(오늘날 경주) 밝은 밤에 밤늦게 노니다가 / 들어와 잠자리를 보니 / 가랑이가 넷이로다 / 둘은 나의 것이었고 / 둘은 누구의 것인가? / 본디 내 것이지만 / 빼앗긴 것을 어찌 하리오?

신라 헌강왕 때 처용이 지었다는 8구체 향가 〈처용가〉입니다. 이 처용가를 바탕으로 한 궁중무용 '처용무處容舞'가 있습니다. 처용무는 원래 궁중 잔치에서 악귀를 몰아내고 평온을 빌거나 음력 섣달 그믐날 나례에서 복을 빌면서 춘 춤이었지요.

『삼국유사』의 「처용랑 망해사處容郞 望海寺」 조에 보면, 동해 용왕의 아들로 사람 형상을 한 처용處容이 노래를 부르고 춤을 추어 천연두를 옮기는 역신疫神에게서 인간 아내를 구해냈다는 설화가 나옵니다. 그 설화를 바탕으로 한 처용무는 동서남북과 가운데의 오방五方을 상징하는 흰색·파랑·검정·빨강·노랑 옷을 입은 남자 5명이 추지요. 음양오행설을 기초로 하여

남자들이 오방색 옷을 입고 추는 처용무. 중요무형문화재 제39호로 지정되었다.

악운을 쫓는 의미가 담겨 있습니다. 춤사위는 화려하고 현란하며, 당당하고 활기찬 움직임 속에서 씩씩하고 호탕한 모습을 엿볼 수 있습니다.

처용무는 남북국시대(통일신라시대)에서 고려 후기까지는 한 사람이 춤을 추었으나 조선 세종 때에 이르러 지금과 같이 다섯 사람으로 구성되었고, 성종 때에는 더욱 발전하여 궁중의식에 사용하게 되었습니다. 일제강점기 에 중단되었다가 1920년대 말 이왕직 아악부가 창덕궁에서 공연하기 위해 재현한 것을 계기로 오늘날에 이르고 있지요. 처용무는 가면과 옷·음악· 춤이 어우러진 수준 높은 무용예술로, 많은 변화를 겪으면서도 꿋꿋하게 그 맥을 즈믄 해(천 년) 넘게 이어오고 있습니다.

거친 해학을 통한 웃음,
재담소리 〈장대장타령〉

별감	자네는 어느 장에 무슨 장산가?
생선장사	나는 마포장에 생선장수올시다. 뼈 없는 문어, 등 굽은 새우, 흉물흉측한 오징어란 놈은 눈깔을 빼서 꽁무니에 차고, 생선가게 망신은 꼴뚜기라. 키 큰 갈치, 썩어도 준치, 맛 좋은 공치, 뼈대 있는 집안 멸치라.
별감	자네는 어디서 왔는가?
엿장수	저 화개장터에서 온 엿장수요. 찢어진 시계나 채권 삽니다. 머리카락 빠진 것, 고무신짝 떨어진 것, 놋대야 깨진 것, 신랑신부 뽀뽀하다 금이빨 빠진 것. 자~ 고물 삽니다, 고물~

재담소리 〈장대장타령〉에 나오는 한 대목입니다. '재담才談소리'란 재치 있는 문답을 주고받아 흥미를 이끌어내는 이야기를 하면서 소리도 하는 국악의 한 장르를 말합니다. 재담소리 가운데는 〈장대장타령〉이 가장 많이 알려졌는데, 장지영張志暎 장군과 무당 출신 첩妾 사이의 이야기를 사설과 창

〈장대장타령〉을 부르는 백영춘(오른쪽)과 최영숙 명창.

으로 엮어 익살스럽고 재미나게 꾸민 소리극입니다.

　조선 말기 모흥갑牟興甲이라는 소리꾼이 재담소리를 하면 10리 밖까지 들렸다는 일화가 있으며, 〈장대장타령〉으로 이름을 떨친 재담의 대가 박춘재朴春載가 원각사圓覺社를 비롯한 극장에서 공연을 많이 했다고 하지요. 이후 백영춘 명창이 '서울시문화재 제38호 장대장타령 예능보유자'로 지정되었으며, 최영숙·노학순 전수조교가 전승 활동을 하고 있습니다. 예전 청중들에게 거친 해학을 통한 웃음으로 대단한 인기를 끌었다는 〈장대장타령〉이 다시 명성을 되찾으면 좋겠습니다.

부패한 양반과
파계승을 풍자한 한량무

경상남도 무형문화재 제3호 한량무閑良舞를 보셨나요? 진주晋州 지방에 전해 내려오는 교방 계통의 무용극입니다. 여기서 '한량'이란 양반 출신으로 노상 놀고먹는 사람을 이르는데, 한량무는 한량과 승려가 한 여인을 유혹하는 내용을 춤으로 표현한 무언무용극無言舞踊劇입니다. 원래 이 춤은 조선 중기 이후 남사당패 가운데 무동舞童이 놀았던 것으로 조선시대 말까지 계속해서 연행되었으나, 남사당패가 흩어지면서 1910년 이후 어른의 무용으로 기방에서 주로 추게 됩니다.

지역마다 한량무와 비슷한 춤들을 추었으나 이제는 거의 없어지고 진주에서만 1979년에 재연되어 지방무형문화재로 지정되었습니다. 고종 때 정현석鄭顯奭이 엮은 『교방가요教方歌謠』나 『진주의암별제지晋州義岩別祭志』 등에

교방   기녀들에게 노래와 춤을 가르치던 관청.
무언무용극 노래나 대사가 없이 춤으로만 표현하는 연극.

한량무의 한 장면. 한량무는 교방 계통의 무용극이다.

보면 예부터 진주 감영 교방에서 많이 추었다는 기록이 있지요.

이 춤은 부패한 양반과 파계승을 풍자한 무용극으로 한량을 비롯해서 승려 · 상좌上座 · 별감別監 · 색시(또는 기생) · 주모 · 마당쇠가 나와 이야기를 엮어갑니다. 특히 주인공 한량이 한 기생을 데리고 즐겁게 놀고 있을 때 승려가 나타나 기생에게 반하고, 승려가 멋진 춤으로 기생의 환심을 사자 기생은 한량을 배신하고 승려에게 가는 남녀의 애정관계를 그립니다.

각 배역의 춤사위는 개성미가 뛰어나고 소박한 아름다움이 있으며 해학적 요소와 무언극적인 요소가 더해집니다. 시대상을 풍자한 춤으로 토속미가 넘치는 점이 돋보이지요. 한량무는 궁중무용도 아니고 순수한 민속춤도 아닌 교방 계통의 무용극이라는 데 의의가 있습니다.

제**2**장

그림

서양에는 고흐,
동양에는 천재화가 최북

"저런 고얀 환쟁이를 봤나. 그림을 내놓지 않으면 네놈을 끌고 가 주리를 틀 것이야."

"낯짝에 똥을 뿌릴까보다. 너 같은 놈이 이 최북을 저버리느니 차라리 내 눈이 나를 저
버리는 것이 낫겠다."

최북이 침을 퇴퇴 뱉고는 필통에서 송곳을 들고 나왔다. 그러고는 양반 앞에서 송곳으
로 눈 하나를 팍 찌르는 것이 아닌가. 금세 눈에서는 피가 뻗쳤다. 비로소 그가 놀라 말
에 오르지도 못한 채 줄행랑을 쳤다.

민병삼 장편소설 『칠칠 최북』에 나오는 대목인데 최북이 왜 애꾸가 되었
는지를 잘 그려주고 있습니다. 지난 2012년은 탁월한 그림으로 양반과 세
상에 맞섰던 천재화가 최북이 태어난 지 300년이 되는 해였습니다. 이를
기려 국립중앙박물관에서 '최북 탄신 300주년 기념전시'를 열었지요. 최북
이 그린 산수화와 화조영모화(꽃·새·짐승을 그린 그림), 인물화 23점을 소
개하여 그가 왜 '최산수崔山水', '최메추라기'라고 불렸는지 알 수 있었습니

그림   55

자신의 눈을 찌른 천재화가 최북의 〈호응박토도〉. 국립중앙박물관 소장.

다. 특히 〈호응박토도豪鷹博兔圖〉는 매의 부라린 눈, 붉은 혀가 도망가는 토끼를 당장이라도 낚아챌 것만 같은 긴장감이 넘치는 뛰어난 작품입니다. 이는 어쩌면 백성을 먹잇감으로 생각하고 달려드는 양반의 모습을 그린 것은 아닐는지요.

자신의 귀를 자른 서양화가 고흐는 알아도 자신의 눈을 찌른 한국의 천재화가 최북을 아는 사람은 많지 않습니다. 한국인이라면 "천하 명인 최북은 마땅히 천하 명산에서 죽어야 한다"라고 외치면서 몸을 날려 못으로 뛰어들었던 자존심의 화가 최북 그림을 한번 보아야 할 것입니다.

한 기업인이
사회에 환원한 〈노송영지도〉

겸재 정선의 〈노송영지도老松靈芝圖〉는 가로 103cm, 세로 147cm인 초대형 그림입니다. 휘굽어 늙은 소나무 한 그루가 화폭을 가득 채우고 담분홍빛 영지버섯이 그려져 있지요. 장수를 비는 십장생도十長生圖 계통의 작품으로, 그림 오른쪽 아래에 적힌 '을해추일 겸재팔십세작乙亥秋日 謙齋八十歲作'이라는 글을 통해 겸재 정선이 80세에 그렸음을 알 수 있습니다. 화가 정선의 원숙함이 느껴지는 작품이지요. 보통 소나무만 크게 부각시켜 그리는 경우는 드물기에, 과감하게 소나무 한 그루만 화폭 전면에 그린 이 〈노송영지도〉는 파격적이라는 평을 듣고 있습니다.

정선의 묵법이 잘 표현된 〈노송영지도〉는 2000년 경매사상 최고가인 7억원에 OIC 그룹 이회림 명예회장이 낙찰 받았지요. 그는 부를 사회에 환원한다는 평소 지론대로 이 〈노송영지도〉와 추사 김정희의 글씨를 포함하여 50여 년 동안 모아온 4,800여 점의 문화재를 자신이 설립한 송암미술관과 함께 2005년 인천시에 기증했습니다.

그림   57

겸재 정선의 〈노송영지도〉. 정선이 80세에 그린
그림이다. 송암미술관 소장.

　"아쉽기도 하지만, 어쨌든 사회에 돌려줘야죠. 인천에서 동양화학 공장을
운영하면서 인천 분들에게 빚진 게 많은데 개성상인 신용의 실천이라고 생
각하면 됩니다."

　기증하면서 이렇게 말한 이 회장을 두고 사람들은 이 시대에 보기 드문
'노블레스 오블리주nobless oblige'라고 입을 모읍니다.

노블레스 오블리주　　　프랑스어로 높은 신분에 따르는 도덕적 의무를 말함. 부와 권력, 명성은 사회에 대한
책임과 함께해야 한다는 뜻으로 쓰인다.

빗에 이를 그려 넣은
김명국

김명국은 화가다. 그의 그림은 옛것을 배우지 않고 오로지 마음에서 얻은 것이었다. 인조 때 조정에서 머리에 필요한 빗, 빗솔, 빗치개 같은 것을 넣어두는 화장구인 빗접을 노란 비단으로 만들어주면서 명국에게 거기에 그림을 그리라고 했다. 그가 열흘 뒤에 바쳤는데 그림이 없었다. 인조는 노해 그를 벌주려 했다. 그러자 명국이 말했다. "정말 그렸사옵니다. 나중에 자연히 아시게 될 것이옵니다." 어느 날 공주가 새벽에 머리를 빗는데 이 두 마리가 빗 끝에 매달려 있었다. 손톱으로 눌러도 죽지 않아 자세히 보니 그림이었다.

조선 후기 문신 남유용南有容의 『뇌연집雷淵集』에 실린 화원 김명국에 대한 글입니다. 빗접에 그린 그림이 아마도 세심히 보지 않으면 눈에 띄지 않을 만큼 실물크기인 데다가 극사실화였나 봅니다. 조정에서는 빗접을 건넸지만 김명국은 장난스럽게도 빗접이 아니라 공주의 빗에 이를 그려 넣었습니다.

처음에 공주는 빗에 이가 있다고 생각해서 이를 죽이려 했지만, 그대로 있는 이를 보고 그것이 그림이었음을 알게 되어 빙그레 웃었을 겁니다. 아

김명국의 『사시팔경도첩四時八景圖帖』 가운데 〈초춘初春〉.
국립중앙박물관 소장.

마도 김명국은 그렇게 작품 속에도 해학을 그릴 줄 아는 예술가였나 봅니다. 많은 조선시대 화원이 그랬던 것처럼 김명국도 어지간히 술을 좋아했습니다. 술에 취하지 않으면 붓을 잡지 않을 정도였으니까요. 아니 김명국은 술에 취해 그림을 그리며 세상을 비웃었는지도 모릅니다. 어쩌면 빗에 이를 그린 것도 그런 의도가 숨어 있었던 것은 아닌지 모릅니다.

신사임당 딸이 그린
〈매창매화도〉

희뿌연 매화꽃은 더욱 빛나고 小白梅逾皎

새파란 대나무는 한결 고와라 深青竹更妍

난간에서 차마 내려가지 못하나니 憑欄未忍下

둥근 달 떠오르기 기다리려 함이네 爲待月華圓

선조 때 여류시인 이옥봉의 「등루登樓」입니다. 매화는 예부터 우리 겨레가 사랑해온 꽃입니다. 매화를 사랑한 여성으로 신사임당의 딸인 이매창이 있는데, 그녀는 어머니의 재능을 이어받아 뛰어난 매화 그림을 그렸지요.

강릉 오죽헌 율곡기념관에는 강원도유형문화재 제12호로 지정된 이매창의 '매화도'가 전해옵니다. 〈매창매화도梅窓梅花圖〉로 불리는 이 그림은 가로 26.5cm, 세로 30cm의 종이에 그린 묵화입니다. 굵은 가지와 잔가지가 한데 어우러져 은은한 달빛 아래 자태를 한껏 뽐내고 있는 매화를 실제로 보는 듯하며, 깔끔한 분위기가 돋보인다는 평을 받고 있습니다.

그림 61

요즈음 피는 매화는 예쁜 꽃을 보기 위해 여러 품종을 접붙여 만든 것이라고 합니다. 같은 매화라도 야생의 멋을 흠씬 풍기는 매화가 화엄사 길상암 앞 급경사지 대나무 숲에 자라고 있어 큰 관심을 끌고 있습니다. 이곳에는 원래 매화나무 네 그루가 있었으나 세 그루는 죽고 이제 한 그루만 남았지요. 2007년 10월 8일 천연기념물 제485호로 지정된 귀한 매화입니다. 이 매화나무는 속칭 '들매화野梅'

신사임당 딸 이매창의 〈매창매화도〉. 강릉시 오죽헌/시립박물관 소장.

로 알려져 있는데, 사람이 재배한 매화보다 작으나 꽃향기는 오히려 강한 것이 특징으로 학술적 가치가 크다고 합니다. 예부터 시·서·화에 자주 나오는 매화가 지금 우리 곁에서 한창 그 아름다운 자태와 향기를 뽐내고 있습니다.

풍류, 맑은 바람과
밝은 달빛에 취하기

예전 선비들은 풍류風流를 즐길 줄 안다고 했습니다. 여기서 풍류란 무엇일까요? 바람 '풍風' 자와 물흐를 '류流' 자를 합친 '풍류'라는 말을 사전에서는 '풍치가 있고 멋스럽게 노는 일' 또는 '운치가 있는 일'로 풀이합니다. 그런가 하면 어떤 학자는 '속俗된 것을 버리고 고상한 유희를 하는 것'으로 풀이하기도 하고, 또 '음풍농월吟風弄月' 곧 '맑은 바람과 달빛에 취하여 시를 짓고 즐겁게 노는 것'으로 보기도 하지요.

옛 그림을 살펴보면 선비들 풍류의 삶을 짐작할 수 있습니다. 단원 김홍도는 천하가 알아주는 멋진 풍류객이었는데, 꽃피고 달 밝은 저녁이면 거문고나 젓대를 연주했다고 합니다. 그런 그의 풍류는 〈포의풍류도布衣風流圖〉라는 그림에서 잘 드러나지요. 그림 속의 선비는 책과 문방구 따위 여러 가지 물건 속에서 당비파를 연주하고 있습니다. 그림 왼쪽에는 "종이창과 흙벽으로 된 집에 살지언정, 평생토록 벼슬하지 않은 채, 거기서 시를 읊조리며 산다네紙窓土壁終身布衣嘯詠其中"라는 글을 적어 놓아 단원의 풍류를 짐작하

그림   63

게 합니다.

또 작자를 알 수 없는 〈후원아집도後
園雅集圖〉라는 그림에서는 연꽃 핀 네모
난 연못이 있는 뒤뜰에 멍석을 깔아 놓
고 바둑을 두는 장면을 그렸습니다. 선
비들에게는 바둑을 두는 것도 또 하나의
풍류 즐기기였지요. 예나 지금이나 열심
히 일하는 것 못지않게 잘 노는 것이 중
요합니다. 그러려면 작은 일에 생각이 얽
매이지 않은 채 자유분방해야 하며, 뜻이
맞는 사람들과 더불어 즐기려는 넉넉한
마음이 필요하지 않을까요.

작자를 알 수 없는 〈후원아집도〉. 선비에게는
바둑을 두는 일 또한 풍류였다. 국립중앙박물
관 소장.

마음속에 102개 벼루를 품은
부자 조희룡

추사 김정희를 50년 동안 스승으로 모시고 글씨와 그림을 배운 우봉又峰 조희룡趙熙龍은 중인 출신 화원이었습니다. 그는 벼루를 극진히 사랑했던 사람이지요. 자신의 서재 이름도 '102개의 벼루가 있는 시골집'이라는 뜻으로 '백이연전전려百二硯田田廬'라고 할 정도였습니다.

조희룡이 벼루를 좋아했던 것은 쉽게 뜨거워졌다가 쉽게 차가워지는 염량세태炎凉世態 속에서 벼루는 언제나 변하지 않는다고 생각했기 때문입니다. 벼루는 군자를 가까이하고 소인을 멀리한다고 생각했지요. 그러나 그렇게 아끼던 벼루도 그가 유배에서 풀려나 돌아왔을 때는 모두 사라지고 없었습니다.

하지만 눈앞에 벼루가 남아 있지 않았어도, 그는 매화가 활짝 필 때면 그토록 아끼던 벼루를 꺼내 여전히 먹을 갈았지요. 평생 마음속에 담아둔 벼루는 그대로 남아 있었기 때문입니다. 사람은 살면서 눈에는 보이지 않지만 마음속에는 늘 남아 있는 무언가가 있어야 한다는 것을 그는 우리에게 묵

그림   65

벼루를 극진히 사랑한 우봉 조희룡의 〈매화도梅花圖〉. 국립중앙박물관 소장.

묵히 말해주고 있지요. 시·서·화 삼절三絶의 예인 조희룡처럼 우리의 마음속에 담아둔 것은 무엇일까요?

조선에서 가장 아름다운
초상화를 보셨나요?

조선 후기 초상화 가운데 가장 아름다운 걸작, 보물 제1483호 〈이채李采 초
상〉을 보셨나요? 비단 바탕에 채색한 그림으로 세로 99.2cm, 가로 58cm
이며, 국립중앙박물관에 소장되어 있습니다. 이 초상화는 이채가 지체 높은
선비들이 입던 무색 심의深衣를 입고 중층 정자관程子冠을 쓴 뒤 두 손을 마
주 잡은 채 정면을 바라보고 있는 반신상입니다.

그런데 〈이채 초상〉을 비롯한 조선의 초상화는 극사실화極寫實畵와 전신
사조傳神寫照로 그렸지요. 먼저 이 초상에서 이채의 눈매를 보면 홍채까지
정밀하게 묘사되어 눈망울이 초롱초롱한 것은 물론, 왼쪽 눈썹 아래에는 검
버섯이 선명하게 보이며, 눈꼬리 아래에는 노인성 지방종까지 보입니다. 그
뿐만 아니라 살을 파고 나온 수염을 하나하나 세밀히 그렸으며, 오방색 술

심의   조선시대 유학자들이 입던 겉옷. 염색하지 않은 백세포(白細布)로 만들었으며 목 부분의 깃이 네모
            났고, 소매를 넓게 하고 검은 비단으로 가장자리를 둘렀다.
정자관   조선시대 사대부가 평상시 집에서 쓰던 관.

띠를 한 올 한 올 거의 '죽기 살기'로 그렸습니다. 그야말로 거짓으로 꾸미는 것을 용서하지 않은 사실주의의 극치지요.

그런가 하면 조선 초상화의 또 다른 특징인 전신사조는 초상화를 그릴 때 인물의 겉모습 묘사에만 그치지 않고, 그 인물의 내면세계까지 담아내는 것을 말하지요. 사람에게서 중요한 것은 겉모습이 아니라 내면에 담긴 정신세계라고 생각했던 것입니다. 이 초상화에서도 이채의 꼿꼿한 선비다움이 그대로 잘 드러나 있지요. 사대부의 나라이자 성리학의 나

보물 제1483호 〈이채 초상〉. 조선 후기 초상화 가운데 가장 아름다운 걸작이다. 국립중앙박물관 소장.

라였던 조선에서는 이렇게 초상화 하나에도 당시의 철학이 철저히 배어 있었습니다. 조선시대의 초상화를 볼 때는 그 인물의 내면세계를 들여다보아야 할 것입니다.

옥황상제도 홀린
금강산의 절경

옥황상제가 금강산의 경치를 돌아보고 구룡연 기슭에 이르렀을 때, 구룡연에서 흘러내리는 물을 보고는 관冠을 벗어 놓고 물로 뛰어들었다. 그때 금강산을 지키는 산신령이 나타나 "사람들이 즐겨 마시는 물에서 목욕을 하는 것은 큰 죄다"라고 말하고 옥황상제의 관을 가지고 사라졌다. 관을 빼앗긴 옥황상제는 세존봉 중턱에 맨머리로 굳어 바위가 되었다.

금강산에 전해지는 설화입니다. 금강산이 얼마나 절경이었으면 옥황상제마저 홀렸을까요? 심지어 중국인들조차 금강산에 가보는 게 소원이라 할 정도였지요. 『태종실록』 4년(1404년) 9월 21일 기록에는 태종이 이렇게 묻는 대목이 나옵니다.

"중국의 사신이 오면, 꼭 금강산을 보고 싶어 하는데, 그것은 무슨 까닭인가? 속언에 말하기를, 중국인에게는 '고려 나라에 태어나 친히 금강산을 보는 것이 원願이라' 하는 말이 있다고 하는데, 그러한가?"

그 금강산을 가장 잘 그린 그림으로 겸재 정선이 금강산을 멀리서 한 폭에 다 넣고 그린 〈금강전도 金剛全圖〉가 있으며, 단발령에서 겨울 금강산을 바라보고 그린 〈단발령망금강斷髮嶺望金剛〉도 있지요. '단발斷髮'은 머리를 깎는다는 뜻인데, 단발령에 올라서면 아름다운 금강산

단발령에서 금강산을 바라보는 그림. 겸재 정선의 『신묘년 풍악도첩』 가운데 〈단발령망금강〉. 국립중앙박물관 소장.

의 모습에 반해 그만 자기도 모르는 사이에 머리를 깎고 승려가 된다는 뜻이 들어 있지요. 또 이 그림에서 인간이 사는 속세는 번뇌와 더러움을 상징하듯 짙은 먹으로 그렸고, 그와 대비되는 건너편은 맑고 깨끗한 신선의 세계를 나타내듯 티끌 하나 없이 하얗고 맑게 그렸습니다. 마치 신선의 세계를 인간이 바라보고 있는 듯한 그림입니다.

세화와 축수용으로 선계를 그린
〈십장생도〉

오래 사는 것 열 가지를 그린 것을 '십장생도十長生圖'라고 합니다. 그런데 열 가지가 안 되면 그저 '장생도長生圖'라 부르고, 한 가지씩 그린 것이면 '군학십장생도群鶴十長生圖', '군록십장생도群鹿十長生圖'처럼 부르기도 하지요. 십장생으로는 보통 해, 구름, 뫼(산), 물, 바위, 학, 사슴, 거북, 소나무, 불로초를 꼽지만 그밖에 대나무와 천도天桃(하늘나라에서 나는 복숭아)를 그리기도 합니다.

보통 가운데에 사슴이나 학을 그리고 왼편에 바다와 거북을 그리는데, 아름다운 빛깔을 최대한 살려 상상 속의 선계仙界를 묘사하며, 대체적으로 8~10폭으로 된 병풍 그림이 많습니다. 새해에 임금이 신하들에게 장생도를 선물로 내렸다는 기록이 있는 것으로 보아 〈십장생도〉는 주로 왕실 등에서 오래 살기를 비는 축수祝壽용 그림이나 세화歲畵로 쓰였음을 알 수 있지요.

〈십장생도〉는 그림뿐 아니라 조선시대의 도자기, 나전공예품, 목공예품, 자수 작품, 벼루, 건물 벽의 장식 등에 광범위하게 쓰였습니다. 경복궁 아미

그림   71

서울특별시 유형문화재 제137호 〈십장생도〉, 서울역사박물관 소장.

산의 굴뚝에도 돌을새김(부조)된 장생무늬가 있습니다. 서울역사박물관에
소장된 〈십장생도〉는 조선 말기인 19세기 궁중에서 제작된 10폭 병풍으로
소장 경위가 확실하고, 구도, 화법, 채색, 보관상태 등이 매우 좋아 가치 있
는 자료로 평가받고 있습니다.

세화   새해를 송축하고 재앙을 막기 위해 그린 그림.

변상벽의 〈묘작도〉,
70세 노인에게 기쁜 소식을

꽃가루와 같이 부드러운 고양이의 털에

고운 봄의 향기가 어리우도다

금방울과 같이 호동그란 고양이의 눈에

미친 봄의 불길이 흐르도다

고요히 다물은 고양이의 입술에

포근한 봄 졸음이 떠돌아라

날카롭게 쭉 뻗은 고양이의 수염에

푸른 봄의 생기가 뛰놀아라

이장희의 시 「봄은 고양이로다」입니다. 따사로운 봄기운이 고양이의 눈

그림   73

변상벽의 〈묘작도〉. 그림을 선물한 사람의
축원이 담겨 있다. 국립중앙박물관 소장.

과 입과 수염에 내려앉은 모습을 잘 그려냈습니다. 그런데 여기, 조금 다르지만 봄과 고양이를 그린 조선 후기 화가 변상벽의 그림이 있습니다. 〈묘작도猫雀圖〉라는 이 그림에서 참새를 쫓아 나무 위에 올라간 고양이 한 마리가 나무 아래에 있는 동무를 내려다봅니다. 고양이의 털을 일일이 잔 붓질로 꼼꼼하게 묘사한 영모화翎毛畵지요.

〈묘작도〉는 봄기운이 물씬 나는 그림이지만 사실은 그림을 선물한 사람의 축원이 담겨 있습니다. 고양이 '묘猫'와 70세 노인 '모耄'는 둘 다 중국어로 '마오'라 발음하기 때문에 고양이는 70세 된 노인을 뜻합니다. 또 참새 '작雀'과 까치 '작鵲'의 소리도 같아서 참새는 기쁜 소식을 뜻하지요. 따라서 이 그림은 고희(70세)를 맞은 노인의 생일을 축하하고, 그의 자식이 입신출세하기를 바라는 마음이 담겼습니다. 이렇게 옛사람들은 소원을 이루게 해 달라고 신에게 비는 마음을 그림에 담아 선물하기를 즐겼습니다.

영모화   새와 동물을 소재로 그린 그림.

민화에 잉어와 죽순이
등장하는 까닭은?

호랑이를 우스꽝스럽게 그린, 민중들의 생각이 그대로 반영된 가장 한국적인 그림이라고 하는 '민화民畵'를 아십니까? 보통 민화는 비전문적인 화가나 일반 대중의 치졸한 작품이라고 하지만, 실제로는 도화서圖畵署의 화원畵員 같은 전문 화가가 그린 뛰어난 그림도 있습니다. 민화에는 나쁜 귀신을 쫓고 경사스러운 일을 맞기를 바라는 대중의 의식과 삶에 얽힌 그림, 집 안팎을 꾸미기 위한 그림 등이 있지요.

그런데 민화 가운데는 글씨를 이용해 그린 〈문자도文字圖〉도 있습니다. 우리 조상들이 중요하게 여겼던 윤리도덕에 관련된 글씨를 그림으로 표현한 것이지요. 〈문자도〉에 주로 쓰인 글자는 효孝, 제悌, 충忠, 신信, 예禮, 의義, 염廉, 치恥 이렇게 여덟 글자입니다. 그래서 〈문자도〉는 주로 사랑방이나 글을 배우는 아이들의 방에 병풍으로 만들어 두었습니다.

여기서 '孝' 자에는 잉어와 죽순, 부채가 나오는데, 한겨울 어머니를 위해 잉어를 잡고 죽순을 구해 잡수시게 했다는 고사에서 유래합니다. '忠'이라

그림 75

민화 〈문자도〉의 '孝' 에는 잉어와 죽순이, '忠' 에는 용이 그려져 있다. 국립민속박물관 소장.

는 글씨에는 임금을 뜻하는 용을 그렸습니다. '信'에는 편지를 입에 물고 있는 흰기러기가 등장하는데, 이는 사람과 사람 사이에 지켜야 할 믿음을 뜻합니다. 청렴과 정직을 뜻하는 '廉' 자는 아무리 배가 고파도 대나무의 깨끗한 열매만 먹는다는 봉황을 주로 그리지요. 옛사람들이 민화를 가까이에 두고 사람 사는 세상의 도리를 익힌 것이 인상적입니다.

괴석과 난초가 어우러진
홍선대원군의 〈묵란도〉

사군자 가운데 대나무가 남성적이라면 난초는 여성적이며 특히 명문가의 귀인을 뜻한다고 알려졌습니다. 이는 왕비의 처소를 '난전蘭殿', 미인의 침실을 '난방蘭房'이라고 하는 데서도 알 수 있지요. 중국의 『본초경』에는 난초를 기르면 집안에 나쁜 일이 생기는 것을 막아주고, 잎을 달여 먹으면 해독이 되며 노화현상을 막는다고 쓰여 있습니다. 우리나라에서도 난초 그림은 귀신을 물리치는 뜻으로 여겨왔지요.

난초 그림 가운데 유명한 것으로, 홍선대원군 이하응李昰應이 만 71세 때인 1891년에 그린 12폭 병풍 〈이하응필 묵란도〉가 있습니다. 그림은 2폭씩 대칭구도를 이루도록 배치되어 있는데, 각 폭에는 다양한 괴석과 난초가 어우러져 있지요. 난초 잎은 뿌리에서 촘촘히 자라나 위로 한껏 기세를 뽐으며 부드럽게 퍼지게 표현되었습니다.

홍선대원군의 서체는 추사 김정희의 영향을 받았으나 만년에는 자신만의 독특한 경지를 선보였는데, 행서行書로 쓴 〈묵란도〉 병풍의 그림 제목이 바

그림   77

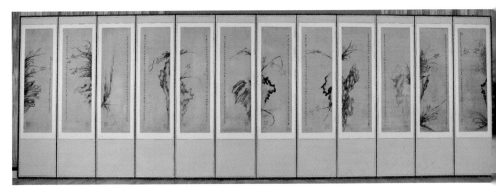

〈이하응필 묵란도〉. 서울역사박물관 소장.

로 그 특징을 잘 나타내주고 있지요. 이 병풍은 각 폭의 아랫부분이 약간씩 상했으나 그림 부분의 보존 상태는 매우 양호한 편입니다. 전체적으로 돋보이는 화면 구성, 활달하고 분방한 필치, 유려한 용묵법(먹을 쓰는 방법) 등 노년기 흥선대원군의 원숙한 묵란墨蘭 양식을 잘 보여주는 작품으로 평가받고 있습니다.

따뜻한 마음이 드러나는
공재 윤두서의 그림들

해남 윤씨 문헌海南尹氏文獻 「공재공행장恭齋公行狀」에는 다음과 같은 구절
이 나옵니다.

그해 마침 해일海溢이 일어 바닷가 고을은 모두 곡식이 떠내려가고 텅 빈 들판은 벌겋게
황톳물로 물들어 있었다. 백포白浦는 바다에 닿아 있었기 때문에 그 재해災害가 특히 극
심하였다. 인심이 매우 흉흉하게 되어 조석 간에 어떻게 될지 불안한 지경이었다. 관청에
서 비록 구제책을 쓰기는 했으나 역시 실제로는 별다른 혜택이 없었다.

이에 공재 윤두서는 마을 사람들이 함께 산의 나무를 베어내서 소금을 구
워 살길을 찾도록 해주었습니다. 한 마을 수백 호의 주민이 그의 도움을 받
아 떠돌아다니거나 굶어 죽는 일이 없게 되었지요. 윤두서는 단순히 곡식을
나누어주는 것으로 가난한 이들을 구하는 도리를 다한 것으로 생각하지 않
았고, 스스로 일을 해서 기근을 벗어날 수 있도록 도왔던 슬기로운 사람이

그림 79

윤두서의 〈우마도牛馬圖〉. 국립중앙박물관 소장.

었습니다.

　그런데 윤두서는 "옛 그림을 배우려면 공재로부터 시작하라"라는 말이 있을 정도로 그림에 뛰어났습니다. 나물 캐기, 짚신 삼기, 목기 깎기, 돌 깨기 같은 풍속화를 많이 그렸는데, 그의 그림을 보면 어려운 삶을 사는 백성에 대한 애정이 뚝뚝 묻어나지요. 거기에 더하여 윤두서는 말馬을 지극히 아끼고 사랑하여 타기조차 삼갈 뿐더러 〈백마도〉, 〈어린 새끼와 말〉 같은 그림도 그렸습니다. 이렇게 윤두서가 그린 그림에서조차 그의 따뜻한 마음이 드러납니다.

우국지사의 정신까지 잘 묘사한
채용신의 〈황현 초상〉

새도 짐승도 슬피 울고 강산도 찡그리니 鳥獸哀鳴海岳嚬

무궁화 이 세상은 망하고 말았구나 槿花世界已沈淪

등잔 아래 책을 덮고 옛일 곰곰 생각하니 秋燈掩卷懷千古

글을 아는 사람 구실 정녕 어렵구나 難作人間識字人

매천 황현黃玹이 나라가 망해가는 꼴을 두고 볼 수 없어서 순국하기 직전
에 남긴 「절명시絶命詩」입니다. 황현은 동생 황원黃瑗에게 "세상 꼴이 이와
같으니 선비라면 진실로 죽어 마땅하다. 그리고 만일 오늘 안 죽는다면 장
차 반드시 날로 새록새록 들리는 소리마다 비위에 거슬려 못 견뎌서 말라
빠지게 될 것이니 말라빠져서 죽느니보다는 죽음을 앞당겨 편안함이 어찌
낫지 않겠는가?"라고 하며, 자신이 순국을 결심하고 있음을 내비쳤다고 합
니다.

  그런 황현의 초상화를 조선시대 마지막 초상화가 채용신蔡龍臣이 그렸습

그림   81

니다. 채용신은 특히 인물을 잘 그
려 고종의 어진御眞을 비롯해 〈최익
현상崔益鉉像〉, 〈운낭자상雲娘子像〉 등
수많은 초상화를 남긴 사람입니다.
그 가운데 〈황현 초상〉은 극세필極
細筆(잔글씨를 쓰는 몹시 가는 붓)을 이
용하여 육리문肉理紋(피부 결을 따라
붓을 놓는 기법)에 따라 터럭 하나까
지도 다르지 않게 그린 수작 가운
데 수작이지요.

조선시대 마지막 초상화가 채용신이 그린 매천 황현의
초상화.

그러나 초상화의 가치는 외형적
으로 닮게 그리는 데서 끝나지 않
습니다. 소위 '전신사조'라 하여 내
면세계까지도 전해줄 수 있어야 진짜 초상화입니다. 그야말로 초상 속 사람
의 정신까지 전해야 한다는 뜻이지요. 채용신은 일제에 나라가 망하자 글
배운 지식인으로서 항거의 의미로 자결을 선택한 우국지사 황현의 얼굴에
선비의 꼿꼿함과 우국정신이 살아 있는 초상화를 그렸습니다.

제3장

도자기와 탑

머리는 용, 몸통은 물고기 모양
청자 주전자

송나라 학자 태평노인太平老人은 고려청자에 반한 나머지 「수중금袖中錦」이라는 글에서 '고려비색 천하제일高麗翡色 天下第一'이라 적었다고 하지요. 그 비색 청자를 볼 수 있는 전시회가 지난 2013년 열렸는데, 당시 전시된 작품 가운데 국보 제61호 '청자 어룡 모양 주전자靑磁飛龍形注子'는 많은 관람객의 눈길을 끌었지요.

높이 24.4cm, 몸통지름 13.5cm인 이 주전자는 물고기 꼬리 모양을 한 뚜껑에 술을 붓고 용 주둥이로 술을 따르는 모양새입니다. 살아 있는 듯 섬세하게 만들어진 용의 머리에, 날아오를 듯한 물고기의 몸을 갖추고 있습니다. 용머리에 물고기 몸통을 한 상상의 동물을 '어룡魚龍'이라 부르는데, 힘차게 펼친 지느러미와 치켜세운 꼬리가 마치 물을 박차고 날아오르는 용의

수중금   '소매 속에 간직할 귀한 것'이라는 뜻.

모습을 연상시킨다 하여 '비룡飛龍'
이라고도 합니다.

그밖에 특이한 모양의 청자 주전
자로는 죽순 모양의 몸체에 대나무
가지를 본뜬 손잡이와 귀때부리(주
둥이)를 붙이고, 뚜껑은 죽순의 끝
을 잘라 올려놓은 형태의 죽순 모
양 주전자가 있습니다. 또 많은 자
손을 뜻하는 석류 4개를 붙인 석류
모양 주전자, 머리에 모자를 쓰고
도포를 입은 사람이 복숭아를 얹은

국보 제61호 청자 어룡 모양 주전자. 국립중앙박물관
소장.

그릇을 들고 있는 모습을 한 인물 모양 주전자 같은 것도 있지요. 이렇게 고
려 사람들은 주전자까지도 천하제일인 비색 청자로 빚었습니다. 그뿐만 아
니라 다양한 모양은 보는 이로 하여금 감탄을 자아내게 합니다.

복스러운 얼굴의
청자 여자아이 모양 연적

예전 선비들이 아끼며 썼던 문방구로는
붓, 벼루, 먹 외에도 연적硯滴, 필가筆架(붓걸
이), 필세筆洗(붓을 빨 때 쓰는 그릇) 등이 있지
만 남아 있는 것은 그리 많지 않습니다. 그
가운데 연적은 벼루에 먹을 갈 때 쓸 물을
담아두는 그릇입니다. 연적은 물이 들어가
는 부위와 물이 나오는 구멍이 따로 있으며
여러 가지 모양새가 있는데, 고려 때는 주
로 청자로 만들었지만 조선시대에 오면 백
자로 만들었지요.

청자 여자아이 모양 연적. 일본 오사카시립
동양도자미술관 소장.

12세기 전반에 만들어진 '청자 여자아이 모양 연적'은 한쪽 무릎을 세우
고 두 손에 정병을 든 어린 여자아이의 모습을 형상화했습니다. 이 작품은
안정된 삼각형 구도 속에 적당한 생략을 통해 어린아이의 넘치는 생동감을

여자아이 모양 연적에 물을 붓고(왼쪽), 벼루에 물을 따른다(오른쪽).

잘 표현하고 있지요. 복스러운 둥근 얼굴에 적당히 살이 올라 부드럽다고 느껴지는 곡선은 아름답습니다.

얼굴의 눈, 코, 입 등은 섬세하게 표현했으며, 눈동자에는 흑갈색 물감으로 점을 찍어 생동감을 불어넣었지요. 입고 있는 옷에는 당초무늬와 꽃무늬, 구름무늬가 세밀하게 오목새김(음각)으로 새겨져 있습니다. 이렇게 아름다운 연적은 아쉽게도 일본 오사카시립 동양도자미술관에 있습니다. '청자 여자아이 모양 연적'이 귀향하여 우리가 늘 볼 수 있으면 좋겠습니다.

판소리 〈수궁가〉에 나오는
자라로 물병을?

별주부가가 막혀 "여보 토공! 여보 토공 간 좀 빨리 가지고 오시오."

가든 토끼 돌아다보며 욕을 한번 퍼붓는디

"제기를 불고 발기를 갈 녀석 뱃속에 달린 간을 어찌 내어드린단 말이냐."

판소리 〈수궁가〉 가운데 '토끼 세상 나오는 대목'입니다. 여기에 토끼한테 당하는 별주부가 바로 자라지요. 국립중앙박물관에 있는 '분청사기 박지 모란무늬 자라병粉靑沙器剝地牡丹文鐵彩瓶'은 자라 모양의 낮고 넓적한 몸체와 위로 솟은 주둥이를 갖춘 병입니다. 주로 나들이할 때 술이나 물을 담아 가지고 다니던 것이지요. 납작하다고 하여 '편병扁瓶'이라고도 부릅니다. 이 병은 전체를 백토로 두껍게 바르고, 윗면에는 모란꽃과 잎을 새겨 넣었지요. 그리고 무늬가 새겨진 곳 이외의 백토 면을 깎아낸 뒤 검은 색 물감을 칠하는 '박지剝地기법'을 썼는데, 분청사기 무늬 가운데 조형적으로 가장 뛰어나다고 합니다.

도자기와 탑

국보 제260호 분청사기 박지 모란무늬 자라병. 국립중앙박물관 소장.

　이 자라병은 조선시대 만들어진 분청사기로 실용성과 휴대성은 물론 예술적 아름다움까지 갖추었습니다. 자라병은 주둥이에 줄을 감아서 허리에 차거나 동물의 등에 묶어 가지고 다니기 쉽도록 했는데, 이러한 모습은 중국이나 일본에서는 찾아볼 수 없다고 하지요. 어떤 이는 요즘 군대에서 쓰는 수통의 옛날 모습이라고 말하기도 합니다. 플라스틱이나 고무처럼 깨지지 않는 소재가 없던 시절에는 불편했음직하지만, 술병 하나에도 예술혼을 새겨 넣은 장인의 정신이 돋보입니다.

용머리를 올린
당간을 보셨나요?

　용龍은 오랜 세월 우리 겨레의 문화 속에 자리한 상상의 동물입니다. 용 모습이 새겨진 귀한 유물로 '금동당간용두金銅幢竿龍頭'가 있습니다. 금방이라도 튀어나올 듯 부리부리한 눈과 쑥 내민 윗입술과 송곳니, 쩍 벌린 입 안쪽에 여의주를 물고 있는 모습이 마치 살아 움직이는 것처럼 생동감을 느끼게 합니다. 목을 앞으로 쑥 내밀어 휘어진 역동적인 몸통에는 두 가닥의 선으로 비늘을 촘촘히 오목새김(음각)했습니다.

　금동당간용두는 1977년 경상북도 풍기에서 발견된 것으로 용의 입을 가로지른 철봉에는 실패 모양의 도르래가 끼워져 있습니다. 도르래는 그 앞의 여의주에 가려 밖에서는 보이지 않도록 설계되었으며, 턱 밑은 뚫려서 쇠줄을 도르래에 걸 수 있지요. 지금은 도르래 부분이 심하게 녹슬어 본래의 기능을 상실한 상태입니다. 용의 조각으로 보아 경주의 성덕대왕신종보다는 다소 늦은 800년 전후에 만들어진 듯합니다.

　예부터 절 들머리(입구)에는 멀리서도 절이 있음을 알 수 있는 '번幡'이라는 깃발을 달았습니다. 이 장엄한 깃발을 달았던 장대를 '당간'이라 하고, 당간을 지탱해주는 두 기둥을 '당간지주'라 하지요. 오늘날 쇠나 돌로 된 당간이 남아 있는 경우가 간혹 있지만 대부분은 당간을 받치는 당간지주만 남아 있습니다. 당간의 꼭대기에는 용머리를 장식하여 올렸는데, 현재 전체 모양이 완전하게 남아 있는 것으로는 호암미술관의 '소형청동용두보당'이 있을 뿐입니

보물 제1410호 금동당간용두. 국립대구박물관 소장.

다. 풍기에서 발견된 보물 제1410호 금동당간용두는 국립대구박물관에 전시되어 있습니다. 대구에 간다면 시간을 내서 박물관 나들이를 해보는 것도 좋겠습니다.

신라 사람들,
여러 사람 코 때리기

'여러 사람 코 때리기衆人打鼻', '술잔 비우고 크게 웃기飮盡大笑', '얼굴 간지러움을 태워도 참기'. 이게 뭘까요? 아이들 놀이의 하나? 아닙니다. 신라 사람들이 했던 나무주사위 놀이의 벌칙입니다. 신라 사람들은 나무주사위를 던져서 나오는 면에 적힌 벌칙을 따르는 놀이를 했는데 그 벌칙들이 재미있습니다. 요즘의 '러브샷'처럼 팔을 구부리고 술을 마시는 '곡비즉진曲臂則盡'도 있지요. 모두 해학과 웃음이 넘쳤던 신라 사람들의 삶을 보여줍니다.

이 나무주사위 곧 주령구酒令具는 1975년 경주 안압지(월지)를 발굴하던 중 연못 바닥의 갯벌 속에서 발견된 유물로 정사각형 면이 6개, 육각형 면이 8개인 14면체입니다. 『안압지 발굴조사보고서』(1978년)에 보면 남북국시대(통일신라시대) 귀족들이 술좌석 등 여러 사람이 모인 흥겨운 자리에서 놀이에 썼을 것으로 추정하고 있습니다. 안타깝게도 이 목제 주사위 진품은 불타버리고, 현재는 그 복제품만 국립경주박물관에 소장되어 있지요.

재미있게도 요즘 안압지 입구에 가면 '주령구빵'을 팝니다. 2012년 제6회

떡과 술잔치 행사장에서 관광객들의 인기를 한 몸에 받았다지요. 주령구빵은 사과와 블루베리 소를 넣었고, 그리 달지 않으면서도 푹신하게 씹히는 빵과 소의 맛이 전체적으로 조화를 이루고 있다고 합니다. 경주를 대표하는 특산품으로 황남빵과 찰보리빵이 있지만 이제 주령구빵이 더 생긴 것이지요. 나무주사위도 보고 주령구빵도 먹으러 안압지에 한번 들르는 것도 좋을 듯합니다.

국립경주박물관에 소장된 주령구(복제품). 신라 사람들은 나무주사위를 던져서 나오는 면에 적힌 벌칙을 따르는 놀이를 했다.

연꽃을 형상화한 아름다운
청자 주전자

지난 2013년 2월 12일 미국 브루클린 박물관의 수장고에서 조선시대 임금과 장군의 것으로 보이는 투구가 공개되어 눈길을 끌었습니다. 그런데 이때 고려청자의 걸작품인 '청자 연꽃 모양 주전자'도 함께 공개되었지요.

이 청자 연꽃 모양 주전자는 몸체와 뚜껑이 모두 연꽃으로 형상화되어 있습니다. 또 뚜껑 손잡이는 아직 피지 않은 연꽃 봉오리를 표현했지요. 그 옆에는 백토로 나비를 만들어 붙여서 마치 나비가 연꽃에 앉은 듯합니다. 손잡이와 굽 부분은 대나무무늬를 형상하여 더욱 아름답습니다. 이 주전자 제작기법은 주로 돋을새김(양각)과 오목새김(음각)으로, 상감기법을 쓰지 않은 것으로 보아 12세기 중반 무렵에 빚은 것 같습니다.

브루클린 박물관은 미국 7대 미술관 중 하나로 특히 고대 이집트 미술 수집품이 유명합니다. 1974년부터 한국실을 운영하고 있는데, 국보급의 〈아미타삼존도〉 등 우리 문화재 665점을 소장하고 있지요. 국립문화재연구소는 이곳 브루클린 박물관을 네 차례 조사한 끝에 2006년 『미국 브루클린박

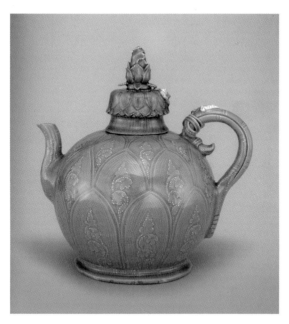

12세기 고려청자의 걸작품인 청자 연꽃 모양 주전자. 브루클린 박물관은 우리 문화재 665점을 소장하고 있다.

물관 소장 한국문화재』라는 도록을 펴냈는데 「도판」편에 주요 문화재 163점의 컬러 사진을 수록했습니다. 우리 겨레의 뛰어난 미술품인 청자 연꽃 모양 주전자가 남의 나라에 나가 있어 우리가 쉽게 볼 수 없는 것이 안타깝습니다.

섬세한 조각이 아름다운
경천사 10층 석탑

서울 용산의 국립중앙박물관에 들어서면 우람한 석탑이 천정을 찌를 듯한 자태로 서 있습니다. 언뜻 보기에도 박물관에 있을 것이 아닌 이 거대한 탑은 국보 제86호 '경천사 10층 석탑'입니다. 원래 경기도 개풍군 광덕면 중연리 부소산의 경천사敬天寺에 있던 탑으로, 고려 충목왕 4년(1348년)에 건립되었습니다. 『고려사』에 따르면 경천사는 고려 왕실의 제삿날에 종종 추모제를 지냈던 절입니다.

석탑의 1층 탑신석에 따르면 대

국립중앙박물관에 있는 국보 제86호 경천사 10층 석탑. 20세기 초 불법 반출된 이후 여러 차례 수난을 겪어야 했다.

석탑 2층과 3층에 새겨진 법회 장면. 2층 탑신석 남면 '화엄회'(왼쪽)와 3층 탑신석 남면 '소재회'.

시주 중대광 진녕부원군 강융姜融 등 여러 명이 왕실의 안녕과 국태민안, 일체 중생이 모두 성불하기를 기원하는 뜻에서 1348년 3월에 조성한 것입니다. 경천사 석탑은 목조건축의 기둥과 공포, 난간과 현판이 잘 표현되어 있고, 기와가 정교하게 표현된 지붕돌(옥개석)을 덮었으며, 기단부에는 불법을 수호하는 형상으로 밑에서부터 사자, 용, 연꽃, 소설 『서유기』의 장면, 나한들이 새겨져 있습니다. 그리고 1층부터 4층까지의 탑신부에는 부처의 법회 장면이 모두 16장면으로 새겨져 있고 5층부터 10층까지는 합장 모습의 불좌상이 아름답게 새겨져 있습니다.

경천사 10층 석탑은 이 자리에 오기까지 수난을 겪어야 했습니다. 1907년 순종의 가례에 일본 특사로 온 궁내대신 다나카 미쓰아키田中光顯가 맘대로 석탑을 일본으로 가져가버린 사건이 그 시작입니다. 석탑 반출은 곧바로 문제가 되어 『대한매일신보』에 10여 차례 기사와 논설이 빗발쳤고 미국인 호머 헐버트Homer B. Hulbert와 영국인 어니스트 베델Ernest T. Bethell은 일본의 영자신문과 『뉴욕포스트New York Post』 등에 다나카의 경천사 석탑 불법 약탈을 폭로했지요. 그 결과 석탑은 1918년 11월 15일 국내로 돌아와 이듬해인 1919년 박물관의 품에 안기게 되었습니다. 그 뒤 여러 차례 훼손된 부분을 수리하여 2005년 용산 국립중앙박물관 개관 때 현재의 자리에 세워진 것입니다.

제주의 옛 등대
'도대불'을 보셨나요?

    제주도 애월읍 구엄리 구엄포구 동쪽 바닷가 언덕배기에는 옛 등대 '도대불'이 있지요. 도대불은 전기로 켜는 등대가 들어오기 전에 포구를 밝혀주었던 등대의 원형입니다. '등명대', '잠망등'으로도 불렀지요. 보재기(어부)들이 바다로 나가면서 도대의 불을 켜고 새벽에 고기잡이를 마치고 들어오면 껐다고 합니다. 강한 해풍에도 도대불 주변에는 파도가 닿지 않았다고 하지요.

    도대는 1970년대까지 사용되었습니다. 보통 다듬은 돌(현무암)로 대를 쌓아올리고 그 위에 작은 지붕을 두고 등을 달아 불을 켤 수 있도록 만들었으며, 도대불은 생선 내장을 썩혀서 끓인 어유魚油나 솔칵 또는 석유를 썼습니다. 도대불은 구엄리 말고도 감녕리, 애월리, 도모리, 구산리 등 제주 여러

솔칵   '관솔'의 제주도 사투리. 관솔은 송진이 많이 엉긴 소나무의 가지나 옹이를 말한다. 불이 잘 붙으므로 예전에는 여기에 불을 붙여 등불 대신 이용했다.

곳에 있습니다. 구엄리 도대 불은 방사형이지만 제주도 내 의 다른 도대불은 네모꼴 등 참으로 다양한 모양입니다.

제주도 애월읍 구엄포구의 도대. 도대불은 밤에 조업을 나간 어선 들이 항구로 돌아올 수 있도록 포구를 밝힌 등대의 원형이다.

구엄리 도대불은 1974년 인근에 아세아 방송국이 개국 하면서 방송국 안테나의 불빛 으로 선창의 위치를 찾을 수 있게 되자, 더 이상 사용하지 않게 되었답니다. 구엄리 도 대불 가까운 곳에는 조선 명 종 14년(1559년) 때부터 햇볕 을 이용하여 소금을 만들었다 는 구엄 '돌' 염전도 있습니다. 해안도로가 아름다운 애월읍 구엄리길은 제 주 올레길의 한 자락이지요.

나라땅 한가운데에 있는 중앙탑

충청북도 충주에 가면 우리나라 한가운데 자리 잡았다고 하여 '중앙탑中央塔'이라고도 부르는 국보 제6호 '중원탑평리칠층석탑中原塔坪里七層石塔'이 있습니다. 남한강의 아름다운 경관과 잘 어우러진 남북국시대(통일신라시대)의 돌탑으로, 당시에 세워진 돌탑 가운데 가장 규모가 큽니다. 2단의 기단基壇 위에 7층의 탑신塔身을 올린 모습이지요.

높은 탑신을 받치기 위해 넓게 시작되는 기단은 각 면마다 여러 개의 기둥 모양을 새겨 놓았고, 탑신부의 각 층 몸돌 역시 모서리마다 기둥 모양의 조각을 했습니다. 몸돌을 덮고 있는 지붕돌은 네 귀퉁이 끝이 경쾌하게 추켜올려 있어 자칫 무겁게 보일 수 있는 탑에 날렵한 기운을 불어넣습니다. 탑 꼭대기는 보통 하나의 받침돌 위에 머리장식을 얹는 신라 석탑의 전형적인 양식이 아닌, 이중으로 포개진 똑같은 모양의 받침돌이 머리장식을 받칩니다.

이 탑에는 몇 가지 전설이 내려옵니다. 먼저 남북국시대 이곳에서 보랏빛

충주에 있는 중원탑평리칠층석탑. 우리나라 한가운데 자리 잡았다고 하여 '중앙탑'이라고도 부른다.

연기가 나자 '왕기가 있으니 이를 제압해야 한다'고 해서 세웠다는 설이 있습니다. 또 신라 선덕여왕 때 금가면 반송산에 절을 세웠다가 풍수지리적 측면에서 이곳으로 옮겼다는 설이 있지요.

이 탑은 전체적으로 규모가 커서 웅장하기는 하지만, 너비에 비해 지나치게 높은 듯하여 안정감은 덜하고 보는 사람에게 위압감을 주지요. 나라땅 한가운데에 있다는 중앙탑, 한 번쯤은 가보아야 하지 않을까요?

신라인의 삶과 철학이 담긴
토우장식 항아리

'토우土偶'란 '흙으로 만든 인형'이라는 뜻으로 어떤 형태나 동물을 본떠서 만든 토기를 말합니다. 이러한 토우는 생산과 풍요, 귀신을 물리치는 의미를 담고 있습니다. 예전에는 토우를 주술적 의미로, 무덤에 주검과 함께 넣는 껴묻거리(부장품)로 만들었습니다. 동물의 뼈나 뿔, 나무, 짚이나 풀로 만들기도 하지만, 많은 수가 흙으로 만들어졌기 때문에 일반적으로 '토우'라고 표현하지요.

국립경주박물관에 있는 국보 제195호 '토우장식목긴항아리土偶裝飾長頸壺'는 2점인데 계림로 30호 무덤에서 출토한 목항아리는 높이 34cm, 아가리 지름 22.4cm이고, 노동동 11호 무덤에서 출토한 목항아리는 높이 40.5cm, 아가리 지름 25.5cm입니다. 아쉽게도 항아리의 주둥이 부분이 깨져 조각이 달아나기도 했지만, 이 단순한 항아리는 사람들의 인기를 독차지하고 있지요. 바로 항아리 목 주변에 붙어 있는 사실적인 모습의 토우들 때문입니다. 토끼와 뱀, 배부른 임신부가 가야금을 타는 모양은 물론 남녀가

국보 제195호 토우장식목긴항아리. 국립경주박물관 소장. 토우에는 신라인의 삶과 철학이 고스란히 담겨 있다.

성교하는 모양까지 장식되어 있지요. 솔직하고 대담한 표현과 소박하고 익살스런 모습이 서툴고 단순한 듯하지만, 토우에는 신라인의 삶과 철학이 고스란히 담겨 있습니다. 또한 생명에 대한 솔직한 감정과 생활상이 조형적으로 잘 표현되어 있다는 평을 받습니다.

개구쟁이처럼
혀를 내밀고 있는 천록

경복궁에서 광화문을 지나 근정전으로 들어가는 흥례문을 들어서면 작은 개울, 곧 금천禁川이 나옵니다. 그러면 영제교永濟橋를 건너야 하는데, 이 영제교 좌우로 얼핏 보면 호랑이 같기도 하고 해태 같기도 한 동물의 석상이 두 마리씩 마주보며 엎드려 있습니다. 이덕무李德懋의 『청장관전서青莊館全書』에 "비늘과 갈기가 꿈틀거리는 듯이 완연하게 잘 조각되어 있다"라고 묘사된 이 석수는 무엇일까요?

이 짐승들은 혹시라도 물길을 타고 들어올지 모르는 사악한 것들을 물리쳐 궁궐과 임금을 지키는 임무를 다하고 있습니다. 매섭게 바닥을 노려보고 있는 듯하지만 얼굴에는 장난기가 가득합니다. 용의 머리, 말의 몸, 기린 다리, 사자를 닮은 회백색 털의 이 동물을 유본예柳本藝의 『한경지략漢京識略』에서는 '천록天祿'이라 말하고 있지요.

그런데 천록은 물론 해태와 근정전 지붕 위 잡상 따위는 원래 중국에서 들어온 것이지만, 중국 황실의 거대하고 위압적인 석상과 달리 우리나라의

106

경복궁 영제교 옆에 있는 천록상. 엄숙한 궁궐을 혀를 살짝 내민 귀여운 천록이 지킨다.

석상은 해학적이고 친근한 얼굴을 하고 있습니다. 특히 영제교 북서쪽에 있는 천록은 개구쟁이처럼 혀를 쑥 내민 모양으로 조각되어 웃음이 납니다. 엄숙한 궁궐에 이 귀여운 천록을 보초로 세울 수 있었던 우리 겨레의 삶 속에는 해학이 살아 있었던 것이지요.

매병,
참기름을 담아 올립니다

2009년 11월, 충청남도 태안 마도 앞바다에서 고려시대 배가 인양되었습니다. '마도1호선'이라고 불린 그 배에는 날렵한 어깨선과 날씬한 모양을한 매병도 있었지요. 그리고 매병과 함께 목간木簡(글을 적은 나뭇조각)도 출토되었습니다. 그 목간에는 이 매병을 누구에게 보내며 내용이 무엇인가를적어 두어 흥미롭습니다.

예를 들면 "중방도장교오문부重房都將校吳文富" 곧 '중방 도장교 오문부에게', "택상진성준봉宅上眞盛樽封" 곧 '참기름을 담아 올린다'라고 쓰여 있지요. 목간은 바로 오늘날의 소포나 택배 송장 같은 것이었습니다. 화물 발송자는 '호장 송戶長 宋', '죽산현 아무개 군君' 등 죽산현과 회진현, 수령현의지방 향리로 적혀 있었고 수신자는 '대장군', '별장' 같은 직책으로 표기되어 있었지요. 발송지가 세 곳이고 수신자가 경창京倉이 아닌 각 개인으로 되어 있다는 점으로 보아, 마도1호선이 국가 세금을 운반하는 조운선은 아니었을 겁니다. 이 배는 무신정권 실력자들이 지방 영지에서 거두어들인 소작

충청남도 태안 마도 앞바다에서 인양된 고려시대 배에 있던 매병과 목간. 매병과 함께 출토된 목간에는 화물의 내용, 화물 발송자와 수신인이 적혀 있어 흥미를 자아냈다. 국립해양문화재연구소 소장.

료를 운반하는 개인 소유 배였을 가능성이 크지요.

지난 2013년 목포 국립해양문화재연구소의 해양유물전시관에서는 태안 마도 해역에서 출토된 청자 매병 2점이 보물로 지정된 것을 기념하는 특별전 〈매병梅瓶 그리고 준樽: 향기를 담은 그릇〉이 열렸습니다. 마도1호선에서 출수된 매병과 목간들은 이 전시회에서 첫선을 보였지요. 국내에서 매병만을 주제로 한 특별전은 그때가 처음이었습니다.

김정호보다 151년 먼저 그린
윤두서의 〈동국여지도〉

조선 후기의 선비 화가 공재 윤두서는 시 · 서 · 화에 두루 능했고, 유학에도 밝았습니다. 윤두서는 "옛 그림을 배우려면 공재로부터 시작하라"라는 말이 있을 정도로 그림에 뛰어났는데, 대표적 작품으로는 현재 그의 종손가 녹우당綠雨堂 유물전시관에 소장된 국보 제240호 〈공재 자화상〉이 있습니다. 그밖에 윤두서는 〈나물캐기〉, 〈짚신삼기〉, 〈목기깎기〉, 〈돌깨기〉 같은 풍속화를 많이 그렸는데, 그의 그림을 보면 어려운 삶을 사는 백성에 대한 애정이 뚝뚝 묻어납니다.

보물 제481-3호 〈동국여지도〉. 김정호의 〈대동여지도〉보다 151년이나 앞서 그린 것이지만, 윤두서와 〈동국여지도〉는 잘 알려지지 않았다. 녹우당 유물전시관 소장.

보물 제481-4호 〈일본여도〉. 임진왜란의 치욕을 되갚고자 숙종이 윤두서에게 명하여 그리게 했다. 녹우당 유물전시관 소장.

윤두서의 그림 가운데 유독 눈에 띄는 작품은 보물 제481-3호『해남윤씨가전고화첩』중 〈동국여지도東國與地圖〉지요. 숙종 36년(1710년)에 종이 위에 채색하여 그린 조선의 지도로 크기는 가로 72.5cm, 세로 112cm입니다. 강줄기와 산맥을 정확하고 섬세하게 표현했고, 섬들도 자세히 그렸으며, 섬과 육지를 연결하는 수로까지 표시했지요. 이 〈동국여지도〉는 우리가 익히 아는 김정호의 〈대동여지도〉보다 151년이나 앞서 그린 것입니다.

또 윤두서는 〈중국여지도〉, 〈일본여도〉도 그렸다고 전해지지만 현재는 〈동국여지도〉와 〈일본여도〉만 남아 있습니다. 그 가운데 〈일본여도〉는 임진왜란의 치욕을 되갚고자 숙종이 윤두서에게 명하여 그리게 한 지도입니다. 특히 이 지도를 그릴 때 일본에 48명의 첩자를 보내 그 정보를 토대로 지도를 그렸다고 하는데, 일본의 땅 모양과 거리는 물론 각 지방 장군들의 성까지도 상세히 파악해서 표시해 놓았습니다. 이렇게 상세한 지도까지 그린 윤두서의 필력이 대단함에도, 김정호에 가려 그의 이름과 〈동국여지도〉는 그다지 알려지지 않았습니다.

궁중화원의 그림 솜씨,
백자 철화 매죽무늬 항아리

고려시대 우리 겨레는 찬란한 청자문화를 꽃피웠습니다. 그러다 조선시대 들어 청자 대신 백자가 유행했습니다. 고려는 불교와 귀족의 나라로 사후세계의 구원에 관심이 많았기에 환상적이며, 불교적인 경향이 있었습니다. 그런 까닭으로 상감기법을 이용한 많은 무늬와 화려한 색깔의 청자가 발달했지요. 반면 조선은 성리학이 중심이 된 나라로 현실적, 합리적, 실용적인 사고방식이 지배했습니다. 그래서 그릇으로서 도자기는 무늬, 색깔보다는 견고하고 기능적인 것을 선호한 탓에 백자가 발달했습니다. 고려청자와 조선백자는 두 나라의 철학적 배경이 만들어낸 것이지요.

초기의 조선백자 가운데 국보 제166호 '백자 철화 매죽무늬 항아리'가 눈에 띕니다. 높이 41.3cm, 입지름 19cm, 밑지름 21.5cm인 이 항아리는 약간 높직한 입 부분이 안으로 기울어져 있으며, 어깨와 몸체 윗부분이 풍만하게 부풀었다가 조금씩 좁아져 내려오면서 당당하고 힘찬 선을 그으며 바닥에 이르지요. 입 부분에 구름무늬가 있고 어깨에 변형된 연꽃무늬가 있

습니다. 몸체에는 대나무와 매
화 그림이 철채鐵彩로 가득 그려
져 있으며 아랫단에 파도무늬가
있습니다. 대나무 그림은 몰골법
沒骨法으로 그렸고, 매화는 몰골
법과 대치되는 구륵법鉤勒法으로
그렸습니다. 만든 곳은 광주군
일대의 관음리 가마로 추정하며,
매화와 대나무 그림은 솜씨가
뛰어나서 궁중화원이 그린 것으
로 보입니다.

국립중앙박물관에 소장된 국보 제166호 백자 철화 매죽무늬
항아리. 성리학이 중심이 된 조선에서는 무늬, 색깔보다 견고
하고 기능적인 것을 선호한 탓에 백자가 발달했다.

철채   쇳가루로 만든 물감.
몰골법   윤곽선을 써서 형태를 선명하게 그리지 않고 바로 먹이나 채색만을 사용하여 사물을 그리는 기법.
구륵법   형태의 윤곽을 선으로 먼저 그리고, 그 안을 색으로 칠하는 기법.

신라 때
달걀을 넣어두었던 장군

　'장군'이란 오지그릇 중두리를 뉘어놓은 모양으로 한쪽 마구리는 평평하고 다른 한쪽 마구리는 둥그런 모양이며 배때기에 좁은 아가리가 나 있는 그릇입니다. 장군의 크기는 일정하지 않으나 큰 것은 지름 30cm, 길이 60cm 정도로 곡식 서 말이 들어가며, 작은 것은 한 말들이도 있습니다. 사기로 조그맣게 만든 것에는 물이나 술, 간장 등을 넣어 날랐으며, 질그릇으로 크게 구워 만든 것에는 오줌을 담아 지게로 운반했지요. 이를 오줌장군·오줌추마리(경상남도 창녕)·소매장군(전라남도 보성)·장군(전라남도 보성·구례, 강원도 강릉)이라고 합니다. 나뭇조각으로 통을 메우듯이 짜서 만든 나무장군은 공사장에서 물을 져 나르는 데 썼고요.

　그런데 크기가 작은 장군도 있습니다. 지름은 약 8cm, 길이는 15cm 정

중두리　　항아리보다 조금 크고 독보다는 조금 작은, 배가 부른 오지그릇.
마구리　　길쭉한 토막, 상자, 구덩이 따위의 양쪽 머리 면.

경주 천마총에서 출토된 신라시대 장군에는 특이하게도 액체가 아닌 달걀이 들어 있었다. 국립경주박물관 소장.

도로 일반적인 장군에 견주면 아주 작은 것입니다. 경주 천마총에서 꺼묻거리(부장품)로 출토된 이 장군에는 특이하게도 액체가 아닌 달걀이 들어 있었지요. 이를 보아 장군은 이미 신라 때부터 써왔음을 알 수 있습니다.

포도넝쿨 사이에서
원숭이는 신이 납니다

포도넝쿨 사이에서 원숭이가 노니는 그림의 도자기를 보셨나요? 국보 제93호 '백자 철화 포도원숭이무늬 항아리白磁鐵畵葡萄猿文壺'가 그것입니다. 이 항아리는 붉은 빛이 나는 산화철로 포도와 원숭이무늬를 그려놓은 조선백자지요. 조선시대 원숭이 그림은 높은 벼슬을 바라는 마음과 부귀영화를 누리라는 뜻에서 그렸고, 포도는 다산을 뜻했습니다. 이 항아리는 포도 잎과 줄기를 사실적으로 그려놓았고, 넝쿨을 타고 노는 원숭이는 활달하고 세련된 모습을 보여줍니다. 따라서 이 그림은 도공陶工이 아니라 전문 화원이 그린 회화성이 짙은 그림이라는 평가를 받습니다.

모양을 보면 입 부분은 넓고, 어깨에서 벌어져 몸통 위쪽에서 중심을 이루었다가 좁아져 세워진 단아한 모습을 하고 있지요. 또 몸통 전면에 푸른 색이 감도는 유백색의 백자 유약이 고르게 칠해져 있습니다. 이화여자대학교 박물관에 있는 '백자 철화 포도무늬 항아리(국보 제107호)'와 함께 조선시대를 대표하는 명품 백자 항아리입니다.

철화백자는 임진왜란 이후 순백자와 함께 인기를 끌었다. 국보 제93호 백자 철화 포도원숭이무늬 항아리. 국립중앙박물관 소장.

이 항아리는 붉은 색 계열의 산화철로 그림을 그리는 철화백자로 분류됩니다. 철화백자는 15~16세기에도 있었지만, 값비싼 청화백자를 사치로 여기게 된 임진왜란 이후(17세기) 생산량이 늘어났지요. 18세기 초, 다시 청화를 쉽게 구할 수 있게 되자 철화백자의 인기는 청화백자에 밀리게 되었습니다. 그러나 명품이 된 '백자 철화 포도원숭이무늬 항아리'는 우리가 자랑해도 좋을 문화재입니다.

연꽃 위에 앉은
거북이

푸른색 자기 술잔을 구워내 열에서 하나를 얻었네

선명하게 푸른 옥 빛나니 몇 번이나 짙은 연기 속에 묻혔었나

영롱하기 맑은 물을 닮고 단단하기 바위와 맞먹네

이제 알겠네 술잔 만든 솜씨는 하늘의 조화를 빌었나 보구려

가늘게 꽃 무늬를 점 찍었는데 묘하게 정성스런 그림 같구려

고려 후기 문신이자 학자인 백운거사白雲居士 이규보李奎報는 청자를 이렇게 노래합니다. 그 아름다운 청자 가운데 연꽃 위에 거북이가 앉아 있는 주전자가 있습니다. 국립중앙박물관에 소장된 국보 제96호 '청자 구룡형 주전자青磁龜龍形注子'입니다. 고려청자의 전성기인 12세기 무렵에 만들어진 청자 주전자로, 크기는 높이 17cm, 밑지름 10.3cm지요.

얼굴 모습은 거북이라기보다 오히려 용에 가까운데, 그래서 거북 '구龜' 자와 용 '룡龍' 자를 써서 '구룡형 주전자'라고 합니다. 뿔과 수염, 갈기, 눈,

거북등무늬 안에 '王' 자를 새긴 국보 제
96호 청자 구룡형 주전자. 국립중앙박물
관 소장.

이빨, 비늘 따위가 모두 정교하면서도 부드럽게 표현되어 숙련된 도공의 작
품임을 알 수 있지요. 두 눈은 검은색 물감을 써서 점을 찍고, 목과 앞가슴
의 비늘은 오목새김(음각)인데 발톱은 돋을새김(양각)을 해서 실감이 납니
다. 등에는 거북등무늬 안에 임금 '왕王' 자를 써넣었고, 등 뒤로 꼬아 붙인
연꽃 줄기는 손잡이가 되었으며, 거북등 가운데에는 작은 연꽃잎을 오므려
그곳에 물을 붓습니다. 우아한 비취빛이 아름다운 이 주전자는 당시 유행한
동식물 모양을 본떠 만든 상형청자로 고려인의 미적 감각을 뽐내고 있지요.

부끄러움으로 눈물 흘리는
백자 무릎 모양 연적

하늘 선녀가 어느 해 젖가슴 한쪽을 잃어버렸는데 天女何年一乳亡

오늘에 우연히 문방구점에 떨어졌다네 今日偶然落文房

나이어린 서생들이 앞 다퉈 손으로 어루만지니 少年書生爭手撫

부끄러움을 이기지 못해 눈물만 주르륵 흘리네 不勝羞愧淚滂滂

이름 모를 한 시인이 쓴 연적에 관한 한시漢詩입니다. 원래 벼루에 물을
방울방울 떨어뜨리는 쓰임새로 썼던 연적을 선녀의 젖가슴으로 표현하고,
젊은 서생들의 손길에 부끄러워 눈물을 흘린다고 한 묘사가 참으로 기가
막힙니다.

국립중앙박물관의 '백자 무릎 모양 연적'은 아무런 그림도, 무늬도 없는
그야말로 순백의 백자입니다. 그러나 백자 달항아리가 아무런 그림도 조각
도 없지만 사람들의 마음을 사로잡는 것처럼, 이 백자 연적도 보는 이를 한
참 동안 붙드는 매력이 있습니다. 위쪽에는 물이 들어가는 입수구, 왼쪽 약

국립중앙박물관에 소장된 백자 무릎 모양 연적. 순백의 백자는 보는 이를 한참
동안 붙드는 매력이 있다.

간 위의 튀어나온 부분이 물을 벼루에 붓는 출수구지요. 이 모양을 보고
「무량수전 배흘림기둥에 기대서서」를 쓴 고故 최순우는 '한복을 입은 젊은
처자가 한쪽 무릎을 곧추세우고 앉은 모양'이라고 했습니다. 이처럼 벼루에
물을 따르는 연적 하나에서도 옛사람들의 마음을 엿볼 수 있습니다.

왜구를 물리친
정지 장군의 미늘갑옷

정지鄭地 장군은 고려 충목왕 3년(1347년)에 태어나 왜구를 격파하는 데 큰 공을 세운 분입니다. 그는 1377년 순천도병마사가 되어 순천, 낙안 등지에 침입한 왜구를 격퇴했고 이듬해에는 영광, 광주, 동복 등에서 왜구를 물리쳤습니다. 그 뒤 해도원수가 되어 1년 동안 여덟 차례 왜구와의 싸움에서 이겼지요. 우왕 14년(1388년)에는 안주도원수로 요동 정벌에 참여하기도 했습니다. 이성계가 위화도회군을 계기로 조선 왕조를 세우려 하자 이를 저지하고 우왕을 복위시키려다 발각되어 경주로 유배를 당합니다.

이 정지 장군이 입었던 실제 갑옷이 광주광역시립 민속박물관에 남아 있습니다. 보물 제336호로 지정된 경번갑鏡幡甲입니다. 경번갑은 철판이 붙어 있는 갑옷을 말하며 다른 말로는 '철판사슬갑옷' 또는 '미늘갑옷', '미늘사슬갑옷'이라고도 부르지요.

이 갑옷은 총 길이 70cm, 가슴둘레 79cm, 소매 길이 30cm이며, 세로 7.5~8cm, 가로 5~8.5cm의 철판에 구멍을 뚫어 철제 고리로 연결했습니

고려 말 정지 장군이 입던 갑옷은 철판이 붙어 있는 경번갑이다.
하동 정씨 문중 소장. 광주광역시립 민속박물관 보관.

다. 앞면에는 철판 6조각을 한 줄로 연결한 것이 6줄이 있고 그 가운데 두
줄은 여미게 되어 있지요. 또한 뒷면은 7조각을 한 줄로 연결한 것이 5줄로
등을 가리게 했습니다. 어깨와 팔은 철판 없이 고리만을 사용해 자유롭게
움직일 수 있게 한 것이 특징입니다. 정지 장군 갑옷은 비교적 원형을 잘 남
기고 있어 갑옷 연구에 귀한 자료일 뿐 아니라 600여 년 전 장군이 살았던
시대를 바로 어제처럼 느끼게 해주는 소중한 유물입니다.

절을 지키고 경계를 알리는
통도사 국장생 석표

　우리나라 삼보사찰三寶寺刹이라고 하면 부처의 가르침을 집대성한 〈고려대장경高麗大藏經〉(국보 제32호)을 모신 합천 해인사, 고려 중기의 고승 보조국사普照國師 지눌知訥이 당시 타락한 고려 불교를 바로잡아 한국 불교의 새로운 전통을 확립한 이후 조선 초기까지 16명의 국사를 배출한 순천 송광사, 부처의 법신法身을 상징하는 진신사리를 모시고 있는 양산 통도사를 꼽습니다.

　이 가운데 양산 통도사는 자장율사가 643년 당나라에서 귀국할 때 가지고 온 불사리와 가사袈裟, 대장경 400여 함函을 봉안하고 있는 절로, 여기에 보물 제74호 '국장생 석표國長生石標'가 눈에 띕니다. '장생'은 흔히 '장승'이라고도 하며 수호신, 이정표, 경계표 따위의 구실을 합니다. 이는 풍수지리설과 함께 민속신앙과 깊은 관계를 맺고 있지요. '국장생'은 나라의 명으로 세운 장생이라는 뜻입니다. 통도사 국장생은 절의 경계를 표시하고 절을 지키는 구실을 한 것으로 보입니다.

경상남도 양산 통도사의 보물 제74호 국장생 석표는 고려시대 나라와 절 사이의 관계를 알려주는 중요한 자료다.

이 국장생 석표는 통도사를 중심으로 사방 열두 곳에 세워놓은 장생표의 하나로, 절의 동남쪽 약 4km 지점에 서 있습니다. 거친 자연돌기둥에 이두문으로 글씨가 새겨져 있지요. 고려 선종 2년(1085년)에 나라의 통첩을 받아 세웠다는 내용이 당시 나라와 절 사이의 관계를 알려주는 중요한 자료입니다. 『동아일보』 1934년 5월 4일 자에는 조선보물고적보존회朝鮮寶物古蹟保存會가 평양의 부벽루와 서울의 남대문을 포함한 보물 210점을 지정하고 있는데, 여기에 통도사 석장생도 당당히 들어갑니다.

공민왕이 자신의 무덤에 쓰려고 만든 용호석

충청남도 금산군 제원면 천내리 서쪽의 강변에는 호랑이와 용을 상징하는 석상이 자리하고 있습니다. 제원대교 북쪽 500m 지점에 용석龍石이 있고, 그곳에서 다시 100m 떨어진 곳에 호석虎石이 있습니다. 고려 후기 홍건적의 난을 피하여 안동으로 피난 내려간 공민왕은 자신의 능묘 위치를 정하여 필요한 석물을 준비하도록 했습니다. 그 이후 임금이 개경으로 돌아가자, 용호석은 사람들에게 잊힌 채 지금까지 그대로 남아있게 되었다는 이야기가 전해 내려옵니다.

용석은 소용돌이 모양의 돌기 사이에 꿈틀거리는 용의 몸체를 조각했는데, 여의주를 물고 있는 입 양쪽으로 아가미와 수염이 그려져 있습니다. 호석은 네모난 받침돌 위에 호랑이가 앞발을 세우고 앉아있는 모습입니다. 호랑이의 몸은 서쪽, 머리는 북쪽을 향하여 입을 크게 벌리고 있지요. 털무늬는 두툼하게 솟은 곡선과 동그라미가 교대로 표현되어 있습니다.

이 두 동물상은 충청남도 유형문화재 제4호로 지정되었습니다. 호랑이나

충청남도 유형문화재 제4호 용호석에는 고려 공민왕의 슬픈 이야기가 얽혀 있다.

용의 특징이 생동감 있게 표현되지 못하고 전체적으로 조각기법이 퇴화한 것으로 보아 고려 후기에 만든 것을 알 수 있습니다.

일본 고류사 미륵상,
일본인의 얼굴

지그시 감은 눈과 입가에 감도는 미소를 보면 그것은 바야흐로 법열法悅을 느끼는 듯 성스럽고 신비스러워 보인다. 아! 어쩌면 저렇게도 평온한 모습일 수 있을까. 몸에 어떤 장식도 가하지 않은 나신裸身이다. 우리의 국보 83호 금동미륵반가상만 해도 목덜미에 둥근 옷주름을 표현해서 법의法衣가 몸에 밀착되어 있음을 암시하지만 이 불상에선 가슴 부분이 가벼운 볼륨감으로 드러나 있고 목에 세 가닥 목주름을 나타냈을 뿐이다. 이를 삼도三道라 한다.

유홍준의 『나의 문화유산 답사기 일본편 3: 교토의 역사』에 나오는 일본 교토 고류사廣隆寺의 '목조미륵반가상'에 대한 이야기입니다. 미술사를 전공한 저자는 참으로 섬세하게도 미륵상을 칭찬하고 있습니다. 하지만 그는 고류사 미륵상에 엄청난 비밀이 숨어 있음을 모릅니다.

2009년 9월 18일 『연합뉴스』에 「일본국보 비밀캐는 이윤옥 교수」라는 제목의 기사가 있었습니다. 여기서 이 교수는 일본 여자미술대학 나가이 신

일본 고류사 목조미륵반가상(왼쪽)과 국립중앙박물관에 소장된 한국의 국보 제83호 금동반가사
유상. 많은 이가 두 미륵상이 꼭 닮았다고 말한다. 하지만 고류사 것은 일본인의 얼굴이며, 한국 것
은 조선인을 닮았다.

이치永井信ー 교수가 1976년 『역사공론』 6월호에 기고한 「아스카불佛에 보
이는 일본과 조선」이라는 논문을 들어 미륵상의 비밀을 캐냈습니다. 논문
에서 나가이 신이치 교수는 "메이지시대 미륵상의 얼굴 모습은 아무리 봐
도 일본인이 만든 얼굴이라기보다 조선인의 얼굴이자 조선의 불상"이며
"(나중에) 일본인의 손에 의해 일본인의 얼굴로 태어났다"라고 말합니다.

　다시 말해 고류사 미륵상은 원래 조선인의 얼굴이었는데 메이지明治 때

일본 교토 고류사 미륵상은 메이지 때 성형수술했다.

일본인의 얼굴로 고쳐진 것입니다. 그런데도 그동안 국내 학자와 언론은 이구동성으로 "고류사 미륵상과 한국 국립중앙박물관의 국보 제83호 미륵상이 똑같다"를 외치며 극찬을 늘어놓았습니다. 두 미륵상 사진을 나란히 놓고 견준 것을 보면 얼굴은 전혀 닮지 않았습니다. 우리의 국보 제83호는 통통한 얼굴인데 반해 고류사 것은 날렵한 얼굴을 하고 있습니다.

제주도를 알려면
『탐라순력도』를 보라

제주도는 지금이야 우리나라 최고의 휴양지로 외국인들로 문전성시를 이루지만, 예전에는 유배당하는 사람이나 가는 험한 곳이었습니다. 그런 제주도를 처음으로 소상히 알린 것은 보물 제652-6호 『탐라순력도耽羅巡歷圖』입니다. 『탐라순력도』는 조선 숙종 28년(1702년) 제주목사 겸 병마수군절제사로 제주도에 부임해온 이형상이 그해 관내 각 고을을 돌며 진행한 행사와 풍광을 제주목의 김남길이라는 화공이 가로 35cm, 세로 55cm의 종이에 그린 총 41폭의 채색 화첩이지요.

제주도 지도와 관아와 읍성, 군사시설을 비롯해, 활쏘기나 잔치 등의 풍물을 담고 있어 흥미를 더합니다. 화첩은 독립된 제주도 지도 가운데 가장 오래된 것으로 꼽히는 〈한라장촉漢拏壯矚〉 1쪽, 순시 장면 등이 40쪽, 그림에 관한 기록 2쪽으로 이루어졌습니다. 맨 처음 제주도 전도全圖인 〈한라장촉〉으로 시작해서 〈조천조점朝天操點〉, 〈김녕관굴金寧觀窟〉, 〈정방탐승正房探勝〉, 〈서귀조점西歸操點〉, 〈현폭사후懸瀑射帿〉, 〈명월시사明月試射〉, 〈고원방고羔園訪

古〉,〈산방배작山房盃酌〉,〈제주양로濟州養老〉 등
으로 이어집니다.

이 화첩을 보면 목사 일행은 조천성에 들어
가 군사훈련과 말을 점검하고, 김녕의 용암굴
을 둘러본 뒤, 정방폭포도 구경하고, 서귀진
의 군사를 점검한 뒤에 천제연폭포에서 활쏘
기대회도 엽니다. 또 귤나무 숲에 들어 풍악을
곁들인 잔치를 열고, 산방산 산방굴 앞에서 잔
을 기울이기도 하지요. 이 목사는 순행을 마치
고 제주목으로 돌아와서는 각 고을 어르신들
을 초청해 양로잔치를 베풉니다.〈제주양로〉
장면의 아래쪽에 적힌 기록에는 100세 이상이
3명, 90세 이상이 23명, 80세 이상이 183명
참석했다고 적혀 있습니다. 국립제주박물관
에서 가장 눈여겨볼 전시품입니다.

사진 제공: 국립제주박물관

『탐라순력도』 가운데 〈한라장촉〉과
〈산방배작〉. 특히 〈한라장촉〉은 제주도
지도 가운데 가장 오래된 지도다. 제주특
별자치도 세계유산본부 소장.

우리나라 인쇄문화가
세계 으뜸임을 증명한 날

10월 14일은 우리나라 인쇄문화가 세계 으뜸임을 증명한 날입니다. 먼저 1966년 10월 14일, 세계에서 가장 오래된 목판 인쇄본인 〈무구정광대다라니경無垢淨光大陀羅尼經〉을 경주 불국사 석가탑 해체 공사 과정에서 발견했습니다. 현재 국보 제126호로 지정되어 있는 〈무구정광대다라니경〉은 좀벌레에 그 두루마리 일부가 침식되었을 뿐 1,200년 동안 온전하게 보전되어 우리 한지韓紙의 우수성도 동시에 증명했습니다.

〈무구정광대다라니경〉의 인쇄 시기는 불국사가 세워진 해인 751년 이전으로 볼 수 있습니다. 770년에 새긴 일본의 〈백만탑다라니경〉보다 20년 정도 빠르고, 868년에 만든 중국의 목판 〈금강경〉보다 118년이나 빠른 것이지요.

그런가 하면 10월 14일은 세계에서 가장 오래된 금속활자본인 『백운화상초록불조직지심체요절白雲和尙抄錄佛祖直指心體要節』, 곧 『직지』를 인쇄한 흥덕사터가 발견된 날입니다. 『직지』에는 고려 우왕 3년(1377년) 청주목 교외 우리 조상들의 인쇄기술은 세계 으뜸이었다. 세계에서 가장 오래된 목판 인쇄본 〈무구정광대다라니경〉.

의 흥덕사에서 글쇠를 만들어 인쇄했다는 내용이 적혀 있지만, 그동안은 흥덕사가 어디인지 확인이 되지 않았지요. 이 흥덕사터는 오늘날 충청북도 청주시 운천동 청주고인쇄박물관 자리입니다. 박물관 옆에 금당과 탑만 복원해 놓았습니다.

밥사발도 황금으로
만들어 먹던 신라인들

신라는 삼국 가운데 가장 화려한 황금문화를 꽃피운 나라였습니다. 8세기에 나온 일본의 역사서 『일본서기日本書紀』는 신라를 '눈부신 금은金銀의 나라'라고 기록했으며, 또한 966년 아랍의 지리학자 알 마크디시Al-Maqdisi는 "신라에서는 집을 비단과 금실로 수놓은 천으로 단장한다. 밥을 먹을 때도 금으로 만든 그릇을 사용한다"라고 했습니다.

신라에서 금이 처음 등장한 때는 4세기 후반으로 추정합니다. 이 무렵 신라는 김씨金氏가 왕위를 세습하고, '마립간'이라는 왕호王號를 사용했으며, 고구려의 도움을 받아 전진前秦에 사신을 파견하는 등 비약적으로 발전하게 됩니다. 5세기부터 6세기 전반까지 약 150년을 신라 황금문화의 전성기로 보는데, 이 기간에 조성된 신라 지배층의 무덤에서는 매우 정형화된 꾸미개(장신구)가 출토됩니다.

무덤에 묻힌 사람들은 대체로 금관을 비롯하여 허리띠, 귀걸이, 팔찌, 반지, 목걸이, 금동신발 등을 사용했으며 이러한 황금 제품은 임금이나 왕족,

신라의 임금이나 왕족이 썼던 금은 그릇. 신라는 삼국 가운데 가장 화려한 황금문화를 꽃피운 나라였다.

귀족이 신분을 과시하고 권위를 나타내는 상징물로 주로 썼습니다. 이러한 황금문화는 처음에는 신라 중앙(경주)에서만 사용했으나, 황남대총이 만들어지는 때에 이르러 지방으로 널리 퍼집니다. 국립경주박물관에서는 신라인이 썼던 밥그릇을 비롯하여 목걸이, 팔찌 따위의 금제품을 수두룩이 전시하여 당시 신라가 '황금나라'였음을 증명하고 있습니다.

제**4**장

민속품

제주도의 도시락,
약돌기 속 동고량

우리는 1960~1970년대만 해도 양은도시락에 밥을 싸가지고 학교에 갔습니다. 그러나 예전 사람들에게는 양은도시락이 있을 턱이 없지요. 그래서 제주도 사람들은 일하러 갈 때 '동고량'이라 부르는 밥을 담은 고리짝을 가지고 다녔습니다. 특히 소와 말을 돌보는 곳에서 일하던 사람들이 주로 사용했지요. 이 동고량은 조그맣고 예쁘게 만든 것이고, 조금 큰 것은 '설기'라고 불렀습니다. 지역에 따라 '동고령', '동고리', '밥당석', '방장석', '밥차반지', '밥장석'이라고도 했습니다.

동고량은 옷을 담아 보관하거나 짊어지고 옮기는 데 썼던 네모다란 '고리'에서 모양을 따고 쉽게 구할 수 있는 대나무로 만들었습니다. 제주처럼 날씨가 무더운 곳에서 물기가 많고 변하기 쉬운 보리밥을 보관하는 데는 대나무로 만든 동고량이 아주 좋았을 것입니다.

동고량은 주로 '약돌기'에 넣어 짊어지고 다녔지요. 약돌기는 물건을 담아 메거나 걸 수 있도록 된 망태기를 말하는데 '도슬기착'이라고도 불렀습

동고량을 넣은 약돌기. 예전 제주도 사람들은 일하러 갈 때 동고량에 밥을 넣어 들고 다녔다.
제주특별자치도 민속자연사박물관 소장.

니다. 야생 모시인 '진' 곧 올이 가늘고 질긴 무명이나 볏짚, 억새 잎 따위로
가늘게 노끈을 꼬아 얽어서 만들었지요. 플라스틱이나 스테인리스 도시락
제품에 밀려 지금은 거의 쓰지 않고 민속박물관에 가야 볼 수 있는 전통생
활용구입니다.

사랑방에 꼭 있었던
선비의 애장품, 고비

　조선시대 선비의 사랑방에는 책을 놓고 읽거나 붓글씨를 쓰던 서안書案, 사방이 트여 있고 여러 단으로 된 사방탁자四方卓子, 여러 권이 한 질로 된 책들을 정리·보관하는 궤인 책궤冊櫃, 안방의 보료 옆이나 창 밑에 두고 편지·서류나 일상용 기물을 보관하는 문갑文匣 같은 가구가 꼭 있었습니다.

　그리고 선비들이 아끼던 '고비'도 있었습니다. 고비는 벽에 걸어놓고 편지나 두루마리 같은 것을 꽂아두는 실내용 세간을 말합니다. 가벼운 판자나 대나무 같은 것으로 만드는데, 위아래로 길게 내려 걸도록 했지요. 등판과 앞판 사이를 6~9cm쯤 떼어 2~3단 가로질러 놓음으로써 편지를 넣어두도록 했지요. 또 두꺼운 종이로 주머니나 상자 모양으로 만들기도 하고, 종이 띠를 멜빵 모양이나 X자형으로 벽에 붙인 소박한 형태도 있었습니다.

　어떤 이는 이 고비를 '考備' 또는 '高飛'로 쓰기도 하지만 이는 소리만 빌려 쓴 취음일 따름입니다. 조선 후기의 학자 이만영李晩永이 정조 22년(1798년)에 엮은 『재물보才物譜』에서는 "고비를 '서팔'이라 하고, 따로 지와자紙窩

중국이나 일본에서 볼 수 없는 '고비'는 조선시대 선비들이 사랑했던 중요한 가구다. 국립중앙박물관 소장.

구는 '고삭고비'라 일컫는다"라고 했습니다. 빗, 빗솔, 빗치개, 가르마꼬챙이, 뒤꽂이, 동곳 따위를 넣어두는 '빗접고비'도 있지요. 사랑방 고비와 달리 안방용 고비는 채색으로 무늬를 그리거나 색지를 오려 붙여서 치레했습니다. 고비는 중국이나 일본에서 볼 수 없는 우리나라만의 독특한 가구입니다.

문갑과 책장이 하나인 목가구,
문갑책장

일상과 함께했던 목가구, 곧 소목小木은 우리 겨레의 슬기로움과 아름다움이 담겨 예술품으로까지 발전했습니다. 그러나 우리는 일제강점기를 지내면서 그 훌륭한 목가구 특히 장롱欌籠 문화를 버리고 일본의 보잘것없는 '차단스'를 들여다 우리말처럼 씁니다. 또 골동품을 수집하는 외국인이 시골에 가서 오래된 목가구와 양철 캐비닛을 맞바꾼 뒤 그 목가구를 외국에 팔았다는 이야기도 있습니다. 우리는 목가구의 귀한 값어치를 제대로 깨닫지 못하고 양철 캐비닛과 차단스에 주인 자리를 내주고 한참 뒤에야 후회하게 됩니다.

목가구 가운데는 '문갑책장'이란 것도 있지요. 문갑책장은 안방의 보료 옆이나 창 밑에 두고 편지·서류 따위의 개인 물건이나 일상용 기물을 보관하는 가구인 '문갑文匣'과 서책과 두루마리 문서를 간직하는 가구인 '책장冊欌'이 같이 있는 목가구입니다. 대개 이층으로 되어 있는데 윗부분은 단문갑 형태이고, 아래는 여닫이문이 달린 책장이지요.

아랫부분은 문의 자물쇠를 풀고 양쪽으로 밀어 경첩이 달린 문과 겹치게 엽니다. 그 안에는 서랍을 양쪽에 또 두어서 큰 장은 아니지만 쓸모가 많도록 만들었지요. 윗부분의 자물쇠는 둥근 바탕에 둥근 자물쇠를 채웠고, 아래는 네모난 앞바탕 장식에 네모난 자물쇠를 잠갔으며, 서랍과 **머름칸**, **문판**門板 안의 네

문갑과 책장이 하나가 된 문갑책장.

모난 테두리 선은 모두 먹감나무로 꾸며 아름답습니다. 손때가 묻은 전통가구들을 이제 박물관에나 가야만 볼 수 있어서 안타깝습니다.

머름칸   모양을 내기 위해 만들어둔 칸.
문판   반닫이의 앞면 위쪽에 붙어 있는 젖히어 열게 된 문짝의 널.

평상,
조선시대에는 즐거움 현대에는 권태

고가 도로 밑, 평상에 아저씨들 몇이 앉아 있다

삼화표구, 전주식당, 영진오토바이 주인들이다

(⋯⋯)

무슨 얘기 끝에 대화가 뚝 끊겼는지,

평상에 앉은 네 사람의 방향이 제각각인 채 침묵의 무릎을 세우고 있다

저 장면을 사진 찍거나 그림 그려서 '권태', '오후' 같은 제목을 붙이면 제격일 텐데

아저씨들 저녁이 오면 슬슬 일어나서 고기를 굽거나 화투장을 만질 것이다

　정병근 시인이 쓴 「평상平床」이라는 제목의 시입니다. 평상은 나무 또는 대나무를 써서 그 위에 사람이 앉거나 누울 수 있도록 만든 네모난 대臺입니다. 평상의 길이와 너비는 대개 2:1의 비율이지요. 평상의 가에 난간이 있기도 하는데 물건이 떨어지는 것을 막고 보는 이로 하여금 안정감을 느끼게 합니다. 주로 대청마루나 누마루 또는 나무 아래에 평상을 놓고, 이 위에

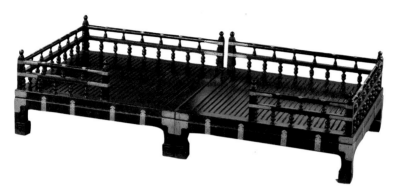

우리 조상들은 고구려 때부터 평상의 즐거움을 누렸다. 국립민속박물관에 소장된 평상.

서 쉬거나 글을 읽거나 손님과 더불어 차를 마시거나 이야기를 나누었지요.

조선 후기 선비 화가 윤두서가 그린 〈수하오수도樹下午睡圖〉에는 여름철 시원한 나무 그늘 아래에서 평상을 놓고 낮잠을 즐기는 사람이 보입니다. 또 단원檀園 김홍도金弘道가 그린 〈삼공불환도三公不換圖〉에도 사랑채 대청마루에 평상을 놓고, 그 위에 사람이 누워 있는 장면이 있지요. 이런 그림들을 보면 조선시대 선비는 게으른 모습을 경계하지만, 평상의 즐거움은 은근히 누렸던 모양입니다. 한편 덕흥리 고분, 약수리 무덤, 쌍영총 등에 있는 고구려 고분벽화에 모두 평상이 등장하는 것을 보면 이미 고구려 때부터 우리 조상들은 평상을 즐겼나 봅니다.

어머니가 단정하게 머리 빗을 때
뚜껑을 열던 빗접

    단아한 모습의 조선 사대부가 여성은 아침마다 빗으로 머리를 단정하게 빗었습니다. 이때 머리를 빗는 도구들은 빗접에 담아 두었지요. 빗접은 쓰임새에 따라 크고 작은 서랍이 여러 개 달리고, 항상 경대와 함께 머리맡에 두고 썼습니다. 빗빗솔(빗살 사이에 낀 때를 빼는 솔), 빗치개(가르마를 타거나 빗살 틈에 낀 때를 빼는 데 쓰는 도구), 가르마꼬챙이(가르마를 타는 데 쓰는 가느다란 꼬챙이), 뒤꽂이(쪽 진 머리 뒤에 덧꽂는 비녀 이외의 꾸미개), 동곳(상투가 풀리지 않게 꽂는 물건) 같은 머리를 손질할 때 쓰는 도구들을 빗접에 넣어두었습니다. 또 빗질할 때 빠진 머리카락을 기름종이인 퇴발낭退髮囊에 모아서 그 안에 넣어두었지요. 이렇게 한 해 동안 모아둔 머리카락은 설날 저녁 문밖에서 태우는데, 그때 나는 냄새로 악귀나 나쁜 병이 물러간다고 믿었습니다. 이 풍속을 '원일소발元日燒髮'이라고 했지요.

    빗접은 만드는 재료에 따라 창호지 따위를 여러 겹 붙여 기름에 절여서 만든 것과 나무로 짜서 만든 것이 있습니다. 또 먹감나무·느티나무·오동

조선시대 여인들은 아침마다 빗으로 머리를 단정하게 빗었다. 머리를 빗는 도구들을 넣어두던 나전 빗접. 국립중앙박물관 소장.

나무 따위로 만들어 나뭇결을 그대로 이용한 것이 있는가 하면 자개를 붙여 화려하게 꾸민 '나전 빗접', 쇠뿔로 장식한 '화각 빗접'도 있습니다. 그 무늬는 대개 십장생, 원앙, 연꽃, 산수 따위로 여성들의 기호와 취향에 맞는 것들입니다. 어머니가 아침마다 단정하게 머리를 빗을 때 그 뚜껑을 열던 빗접은 이제 박물관에나 가야 볼 수 있습니다.

제주 해녀들의 생명줄, 태왁박새기

'태왁박새기'란 해녀가 바다에서 작업할 때 몸을 의지하여 쉬기도 하고, 작업하는 위치를 알려주기도 할뿐만 아니라, 망사리를 매달아 채취한 해산물을 물 위에 띄워 놓기도 하는 뒤웅박을 말합니다. 흔히 '태왁'이라고만 말하기도 하는데, 여기서 '박새기'는 바가지를 이르지요. 잘 여문 박을 파내어 작은 구멍을 뚫고 그 속의 씨를 빼낸 다음 물이 들어가지 못하도록 구멍을 막아둔 것이기 때문에 물에 잘 뜹니다.

하나의 태왁을 만들기 위해 해녀들은 2월에 흙을 파고 밑거름을 해두었다가 3월 삼짇날에 박씨를 심습니다. 해녀들의 정성이 헛되지 않아 6월 하순께가 되면 지붕 위나 주저리(덤불)에 박이 주렁주렁 열리지요.

해녀들은 바다에서 작업할 때 대개 두 사람이 짝을 이룹니다. 특히 물살이 빠른 곳일 경우에는 작업 도중 태왁이 떠내려가는 것을 막기 위해 교대로 태왁을 붙잡고 있기도 하지요. 바다에서 작업을 하는 해녀의 생명은 오직 이 태왁에 달려 있다고 해도 지나친 말이 아닙니다. 작업을 마치고 물 위

해녀의 생명줄인 태왁과 망사리. 국립민속박물관 소장.

로 올라온 해녀들이 그동안 참았던 숨을 한꺼번에 몰아쉬는 '호잇' 하는 숨
비기 소리(숨비소리)가 날 때까지, 태왁은 해녀들의 생명을 보듬는 생명줄이
지요.

망사리 　제주도에서 해녀가 채취한 해물 따위를 담아 두는 그물로 된 그릇.
숨비기 소리 해녀들이 깊은 바닷속에서 물질을 할 때 숨을 참고 있다가 물 위로 올라오면서 내는 숨소리.

쌍겨리로
논밭 가는 모습을 보았나요?

게으른 버릇은 기름진 땅을 믿기 때문 懶習眞從沃壤然

상농도 중천에 해 뜨도록 잠에 빠졌다가 上農猶復日高眠

느릅나무 그늘에서 한바탕 술주정하고 나서 楡陰醉罵移時歇

느리작느리작 소 한 마리 몰고 마른 밭을 가는구나 徐取一牛耕旱田

다산茶山 정약용丁若鏞이 강진에 귀양 가서 쓴 「탐진농가耽津農歌」라는 시 가운데 일곱 번째 작품이지요. 이 시에는 "경기 지방의 마른 밭은 소 두 마리로 간다"라는 주석이 붙어 있습니다. 귀양 가서 본 전라도 강진에서는 외겨리(독겨리)로 밭을 갈지만 경기도에서는 쌍겨리(소 두 마리가 끄는 쟁기)로 갈았기에 주석을 달아 놓은 것입니다.

대개 땅이 평평하여 쉽게 흙을 팔 수 있으면 외겨리로 갈지만, 화전 같은 경사지거나 흙이 단단하거나 돌이 많은 땅은 쌍겨리로 갈아야 했지요. 그러나 소 두 마리는 농민들이 쉽게 가질 수 있는 재산이 아니어서, 이웃과 함께

경기도에서는 쌍겨리로 밭을 갈았다. 단원 김홍도의 〈논갈이〉.
국립중앙박물관 소장.

어울려 쌍겨리로 갈기도 했습니다. 지금이야 쌍겨리로 논밭을 가는 모습을
보기가 어렵지만 단원 김홍도의 〈논갈이〉와 김준근의 풍속화 〈밭갈이와 씨
뿌리기〉에도 쌍겨리 그림이 나오는 것을 보면, 예전에는 쌍겨리로 가는 곳
이 많았음을 알 수가 있지요.

제주도 사람들의 강인함과
슬기로움을 보여주는 쌍따비

지난 2010년 국내에서 가장 오래된 쌍따비를 광주 신창동 유적에서 확인했다는 보도가 있었습니다. 국립광주박물관은 "이 따비는 대전 출토품으로 전하는 국보 유물인 농경문 청동기에 보이는 쌍따비와 같고, 근현대에 사용하던 따비와도 상당히 유사하다"라고 말했습니다.

'따비'는 삽과 같은 원리로 땅을 일구는 농기구의 하나입니다. 다만 삽과 다른 점은 날이 넓적한 삽처럼 흙을 베면서 파거나, 파낸 흙을 다른 곳으로 퍼 옮길 수가 없다는 것이지요. 따비는 날이 하나인 '외따비'와 날이 둘인 '쌍따비'가 있습니다. 쌍따비는 크기가 보통 사람의 키보다 약간 길며, 무게도 외따비의 두 배 정도가 됩니다. 따라서 어지간한 사람들은 이 쌍따비를 다루기가 벅찰 수도 있지요. 하지만 제주도처럼 돌이 많은 지형에서는 유용하게 쓰일 수 있습니다. 쌍따비는

돌이 많은 땅을 일구는 따비. 국립민속박물관 소장.

제주도 가운데서도 가축을 많이 기르던 구좌읍과 성산읍에서 많이 써왔다
고 합니다.

요 때비야 저 때비야

가시낭의 쌍때비야

흔번 질르난

자단 애기 일어나듯

우긋우긋 일어난다.

(요 따비야 저 따비야

가시나무 쌍따비야

한 번을 땅에 찌르니

잠자던 아기가 일어나듯

부스스 부스스 일어나는구나.)

제주도에서 따비질을 할 때 부르던 민요입니다. 제주도 사람들은 돌이 많
은 척박한 땅에서도 쌍따비 따위 농기구를 써서 강인하고 슬기롭게 살아왔
습니다. 말馬을 방목하는 한라산의 목장지대에서 지금도 쌍따비질 노래가
들리는 듯합니다.

오복을 부르는
박쥐무늬

　박쥐는 짐승 가운데 유일하게 날 수 있는 동물인데 박쥐에 대한 이미지를 부정적으로 보는 이들도 있습니다. 박쥐는 짐승과 새가 싸울 때 짐승이 우세하자 새끼를 낳는 점을 들어 짐승 편에 들었다가, 다시 새가 우세하자 날 수 있다는 점을 들어 새의 편에 들었다는 우화 때문에 박쥐를 변덕이 심한 동물로 생각하기도 합니다. 그러나 박쥐는 예부터 행복을 상징하는 동물로 생활용품 속에 그 모양을 그려 넣거나 공예품, 가구 장식, 건축 장식으로 널리 쓰였습니다.

　또한 박쥐 그림을 길상吉祥(운수가 좋을 조짐) 무늬로 여겨 베갯모에 수놓았을 때는 다산을 뜻했고 아들을 점지해주는 것으로 여겼습니다. 이는 박쥐의 강한 번식력에서 유래한 것이지요. 한자문화권에서는 모두 박쥐를 길한 동물로 여겼는데, 특히 중국에서는 '복福' 자를 크게 써서 박쥐가 거꾸로 매달린 것처럼 걸어두면 복이 있는 것으로 생각했습니다. 이는 박쥐를 뜻하는 한자 '복蝠' 자를 행운으로 해석한 것이지요. 박쥐를 '하늘의 쥐'를 뜻하는

한자문화권에서는 박쥐를 오복의 화신으로 여겨 많은 생활용품에 박쥐무늬를 넣었다. 박쥐무늬가 들어간 비취편복 뒤꽂이(왼쪽)와 원수박쥐무늬 족두리상자. 국립고궁박물관 소장.

'천서天鼠'라고 부르거나 '신선 같은 쥐'라고 해서 '선서仙鼠'라고도 불렀습니다. 풍수지리에서는 산이 박쥐 모양이면 묏자리로 명당이며 자식이 장원 급제하여 높은 벼슬에 오른다는 믿음이 있었습니다.

우리말에서 박쥐는 본래 '밤쥐'를 뜻하는데 이 말이 발, 밝, 박으로 굳어져 오늘날 박쥐가 된 것으로 보고 있지요. 박쥐는 낮에는 쉬고 밤에만 움직이므로, 여기에 빗대어 낮과 밤이 뒤바뀐 사람을 '박쥐족'이라고 하기도 합니다. 현실에서는 그다지 좋은 대접을 받지 못하지만 무늬로는 더없이 호평받는 박쥐는 오복五福의 화신으로까지 여겨지고 있는 동물입니다.

오복   유교에서 이르는 다섯 가지의 복. 보통 수壽, 부富, 강녕康寧, 유호덕攸好德, 고종명考終命을 이른다.
        유호덕과 고종명 대신 귀貴함과 자손이 중다衆多함을 꼽기도 한다.

술을 만드는 데
없어서는 안 될 누룩고리

누룩은 술을 만드는 데 없어서는 안 되는 재료로 우리나라에서는 삼국시대 이전부터 누룩이 있었던 것으로 알려졌습니다. 특히 일본의 『고사기古事記』에는 오진 천황應神天皇(재위 270~312) 때 백제에서 인번仁番 수수보리須須保利라는 사람이 와서 누룩으로 술 빚는 법을 알려주었다는 기록이 있습니다. 예전에는 누룩을 사고팔기도 했는데 『중종실록』36년(1541년) 11월 13일 자에 '누룩 매매 금지' 기록이 보입니다.

"금주령禁酒令이 엄밀한 듯하지만 여염에서는 여전히 술을 빚고 있으니 온갖 계책을 생각해 보아도 금지하기가 매우 어렵습니다. 도성의 각 시장에는 누룩을 파는 데가 7~8곳이 있는데 그곳에서 하루에 거래되는 것이 7~8백 문門이 되며 그것으로 술을 빚는 쌀은 천여 석에 이를 것이니, 그 낭비가 참으로 염려됩니다. (……) 평시서平市署에 명하여 명년 가을까지만 누룩의 매매를 일체 엄금하도록 하는 것이 어떻겠습니까?"

누룩은 술을 만드는 데 없어서는 안 되는 재료다. 누룩을 만드는 데 쓰인 다양한 누룩고리. 국립민속박물관 소장.

술의 주원료인 누룩을 만들기 위해서는 '누룩고리'가 필요합니다. 누룩고리는 밀을 굵게 갈아 반죽해서 덩이를 굳히는 데 쓰는 틀로 '누룩틀'이라고도 합니다. 백성의 집에서는 짚이나 나무로 된 것을 주로 썼으며, 궁궐·절·부잣집의 누룩고리는 고급나무 또는 대리석을 갈아 만들거나 석물과 쇠를 녹여 만든 주물 형태의 것도 있습니다. 누룩고리는 둥근 모양, 타원 모양, 네모 모양 따위가 있는데 나무로 만든 것은 쓰지 않을 때 새끼를 꿰어 벽에 걸어두었지요. 이제는 누룩고리도 민속박물관에나 가야 볼 수 있는 귀중한 공예품이 되었습니다.

쇠뿔로 만든 아름답고 화려한
화각공예품

　'화각華角'은 쇠뿔을 종잇장처럼 얇게 갈아 투명하게 만든 판을 말하며, 이것을 써서 공예품을 만드는 것을 '화각공예'라고 합니다. 얇게 만든 화각판에 그림을 그린 뒤에, 그림이 쇠뿔에 비쳐 보이도록 뒤집어 목공예품에 붙여 치장하는 전통공예기법입니다. 쇠뿔의 뒷면에 그림을 그렸기 때문에 그림이 벗겨지지도 않고 은은한 쇠뿔의 광택도 즐길 수 있습니다.

　화각공예는 무늬와 그림이 화려하고 자유분방한 민화풍이라 보석함, 경대, 반짇고리, 참빗, 바느질자, 실패, 장도 같은 여성용 가구나 소품을 만들 때 주로 쓰였지요. 드물게 화각공예로 만든 2·3층의 버선장, 머릿장이나 사방탁자, 경상經床도 있습니다. 무늬는 장수를 비는 글자나 각종 상징물, 자연물 따위를 조각했습니다. 오래된 화각공예 작품으로는 일본 쇼소인正倉院 에 소장된 바느질자가 있습니다. 신라에서 건너간 것으로 보입니다. 경주 제155호분에서 나온 백화수피제서조도채화판白樺樹皮製瑞鳥圖彩板도 화각제품의 일종으로 추정합니다. 하지만 단연코 눈에 띄는 것을 꼽는다면 일본

교토 고려미술관에 있는 화각삼층장華角三層欌
입니다.

화각공예는 목공예품의 표면을 꾸민다는
점에서 보면 나전칠기螺鈿漆器공예와 비슷하지
요. 다만 나전은 그 재료가 얇게 간 조개껍데
기라는 점이 다릅니다. 화려한 채색과 그림을
이용하는 화각공예는 회화적인 성격을 갖추
고 있으며, 재료가 귀하고 공정이 까다로워서
양반들의 기호품이나 애장품에 주로 이용되
었습니다. 화각공예는 나전칠기공예와 더불
어 전통왕실공예의 쌍벽을 이루지요. 뿐만 아
니라 우리나라에만 있는 세계 유일의 공예분
야로 동양공예사에서도 빼놓을 수 없습니다.
하지만 나전칠기공예와 달리 사람들에게 거
의 알려져 있지 않습니다.

쇠뿔을 얇게 갈아 투명하게 만든 판을
써서 공예품을 만드는 화각공예는 전 세
계에서 우리나라에만 있다. 화각공예품
만드는 모습.

화각공예로 공예품을 만드는 사람을 화각장畵角匠이라고 합니다. 1910년
대 양화도楊花渡(오늘날 서울 망원동)에는 60여 호의 화각공방이 있었다고 하
지요. 지금은 우리나라 중요무형문화재 제109호로 지정되어 계승되고 있
습니다.

간도 용정촌의 유래가 된,
물 퍼올리는 '용두레'

엔벤延邊(연변) 출신 소설가 류원무의 책『연변취담』에 보면, 일제강점기 우리 겨레가 살며 독립운동의 본거지가 되었던 중국 지린성吉林省(길림성) 동부 간도間島 룽징춘龍井村(용정촌)의 유래에 대한 이야기가 나옵니다. 처음 조선인 마을이 생긴 때는 평안북도와 함경북도 이재민이 옮겨와 살기 시작한 1877년이라고 하지요. 그 뒤 1886년 봄, 정준이라고 하는 조선 젊은이가 옛 우물을 발견했는데 물은 맑고 맛이 좋았다고 합니다.

그런데 이 우물이 깊어서 룡드레를 세우고 물을 길어 먹었습니다. 그래서 마을 이름이 '룡드레촌'이 되었는데, 학식깨나 있다는 사람들이 상의하여 룡드레의 첫 글자인 '룡龍' 자에 우물 '정井' 자를 붙여 '용정촌'으로 지었다고 합니다. 이 이야기는 1934년 리기섭이라는 사람이 '룡정지명기원지정천龍井地名起源之井泉'이라는 빗돌을 세워 후세에 전해졌다고 하지요.

이 용정촌 이름의 유래가 된 룡드레, 곧 '용두레'는 물이 많고 무넘이가 높지 않은 곳의 물을 퍼 올리는 도구입니다. 지방에 따라 '통두레', '파래',

'풍개'라고도 부릅니다. 길이 1.5m가량 되는 통나무 앞쪽을 넓고 깊게 파고, 뒤쪽은 좁고 얕게 파낸 다음 뒤쪽에 자루를 달지요. 물이 있는 곳에 삼각대를 세우고 거기에 줄을 매고 용두레를 겁니다. 그리고 용두레를 숙여 앞부분을 물에 잠기게 한 다음 손잡이를 당겨 물을 떠서 앞으로 밀어 퍼 올리는데, 혼자서 1시간에 15~20톤의 물을 풀 수 있었습니다.

룡드레   '용두레'의 북쪽 사투리. 낮은 곳의 물을 높은 곳으로 퍼 올리는 데 쓰는 기구.
보넘이   봇물을 대기 위해 만든 둑.

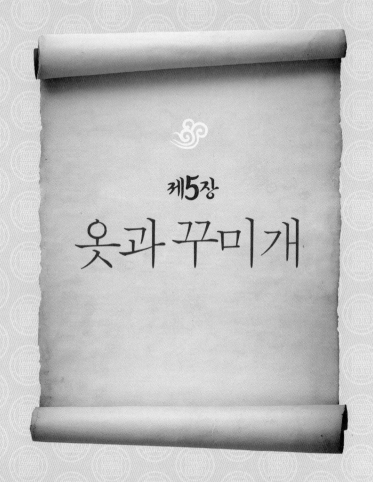

제5장

옷과 꾸미개

영친왕비의 가체를 장식한
대봉잠

몇 년 전 방영된 드라마 〈해를 품은 달〉에서 훤은 무녀 월이 연우였음을 깨닫고 연우가 있는 활인서로 한걸음에 달려가 감격적으로 재회합니다. 훤은 연우를 편전으로 데려가 과거 연우에게 선물했던 봉잠 '해를 품은 달' 한 쌍을 준 뒤 "하나는 내 달이 돼달라는 청혼의 징표로, 또 하나는 그대가 나의 정비가 되는 날 이곳에서 줄 생각이었는데 이제야 하나가 됐다"며 키스하는 장면이 등장하지요.

조선시대 왕비들이 가체에 꽂던 비녀에는 매화를 새긴 '매잠', 석류를 새긴 '석류잠', 봉황 모양을 새긴 '봉잠', 대나무 마디 무늬를 넣은 '죽절잠' 등이 있는데 그 화려함이 보는 사람 누구나 탄성을 자아내게 합니다. 그 가운데 〈해를 품은 달〉에 등장했던 봉잠은 머리 부분에 봉황 모양을 새긴 큰 비녀입니다.

국립고궁박물관에는 대한제국의 마지막 황태자 영친왕英親王의 비 이방자 여사가 썼던 중요민속문화재 제265호 대봉잠大鳳簪이 있지요. 이 대봉잠은

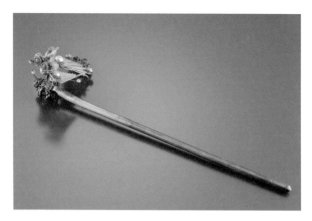

영친왕비가 쓰던 대봉잠. 가운데 부분을 빼고는 모두 금도금을 했다. 국립고궁박물
관 소장.

전체 길이 39.6cm, 봉황 길이 12cm, 봉황 날개폭 6cm의 크기입니다. 그
기법의 다양성만큼이나 화려한 모습을 보이는데, 가운데 부분을 빼고는 모
두 금도금을 했지요. 하지만 비운에 살다간 영친왕비 이방자 여사에게는 이
대봉잠도 큰 위안은 되지 않았을 것입니다.

궁중 여인들이 입던
대란치마와 스란치마

'대란치마'는 조선 왕실과 대한제국 황실 여성이 적의翟衣나 원삼圓衫 따위 예복 차림을 할 때 아래옷으로 갖추어 입은 치마입니다. 다홍이나 남색 비단으로 만들고 치마를 장식하는 스란단은 두 단으로 붙이는데, 윗 스란단 너비는 22~25cm, 아래 스란단 너비는 15~19cm입니다. 스란단에는 글자나 그림을 금실로 짜거나 금박을 놓습니다. 황후는 용무늬, 왕비나 왕세자빈은 봉황무늬, 공주나 옹주는 '수壽'·'복富'·'남男'·'다多' 따위의 글자나 석류·불로초·연꽃 등의 그림무늬를 놓았지요.

대란치마 말고 궁중 여인들의 옷으로 '스란치마'라는 것도 있습니다. 평상시 당의를 입을 때 아래옷으로 갖추어 입는 치마입니다. 또 이 스란치마는 적의나 원삼 등의 예복 차림을 할 때 대란치마 안에 입는 옷이기도 한데,

---

적의   왕비와 왕세자빈, 왕대비, 대왕대비 같은 왕실 적통의 여성 배우자들이 착용하는 법복法服.
원삼   조선시대에 부녀자가 입던 예복.

대란치마는 조선 왕실과 대한제국 황실 여성이 예복 차림을 할 때 입는 치마다. 국립고궁박물관에 소장된 영친왕비의
대란치마(왼쪽)와 스란치마. 스란치마에는 스란단이 한 단뿐이다.

스란단은 대란치마와 달리 한 단만 붙입니다. 요즘 혼인예식 때는 누구 할 것 없이 서양에서 온 하얀 드레스를 입지만, 전통혼례를 하면서 이렇게 화려하고 아름다운 대란치마를 입는다면 이날 하루는 왕비가 되는 것이 아닐까요?

흥선대원군의 집무복,
단령

단국대학교 석주선기념박물관에는 중요민속문화재 제214호로 지정된 흥선대원군이 입던 자적紫赤 단령團領이 소장되어 있습니다. '단령'은 조선 말기까지 모든 관원이 평상시에 입던 집무복입니다. 보통 관원의 집무복은 단령과 함께 사모紗帽, 띠帶, 화靴로 구성되지요.

흥선대원군의 단령은 겉감은 자주색으로 둥근 깃이고, 안감은 붉은색으로 곧은 깃이며, 넓은 동정이 달려있습니다. 소매가 넓고 고름은 붉은색과 자주색을 쌍으로 겹쳐 달아서 모두 4개가 양옆에 달려 있지요. 단령의 가슴 부분에는 기린麒麟 흉배가 달렸는데, 조선시대 기본법전인 『경국대전經國大典』「의장儀章」조에서 기린 흉배는 대군이 사용하는 것으로 되어 있습니다. 이 흉배는 흑색 공단에 금실로 정교하게 수를 놓았는데, 기린을 중심으로

사모   문무백관이 관복을 입을 때 갖추어 쓴 모자.
화.   목이 긴 신.

흥선대원군이 입던 자적 단령에는 기린 흉배가 달려 있다. 국립대구박물관 소장.

아래에는 바위와 물결무늬 따위를 수놓고 위에는 양옆으로 구름무늬가 있지요. 옷의 크기로 보아 흥선대원군의 체구가 조금 작았음을 짐작할 수 있습니다. 이 자적 단령은 보존 상태가 양호할 뿐 아니라 기린 흉배까지 포함된 완전한 형태의 왕실유물이므로 복식연구에 귀중한 자료로 인정되고 있습니다.

가장 오래된 회장저고리,
상원사 복장유물

저고리의 깃 따위를 회장回裝으로 꾸민 것을 '회장저고리'라고 합니다. 흔히 노랑이나 연두 바탕에 자줏빛이나 남빛 회장을 달아 꾸미는데, 깃이나 끝동을 다른 천으로 대는 경우는 '반회장저고리'라고 하고 곁마기(겨드랑)를 더 대면 '삼회장저고리'라고 하지요.

1975년 오대산 상원사에서 동자상에 금을 입히다가 불상의 뱃속에서 회장저고리가 발견되어 세상을 놀라게 했습니다. 깃과 끝동, 섶과 옷고름 등에 짙은 배색을 한 저고리입니다. 저고리가 나온 불상은 조선시대 세조가 1466년 상원사를 여러 차례 방문하던 중에 만들어졌습니다. 그것으로 보아 저고리 또한 1460년 무렵 만들어진 것으로 추정하고 있습니다. 저고리의 크기는 길이 52.4cm, 품 34cm이며, 전체적인 모습은 품이 넓어서 소매 길이와 저고리 길이가 짧게 보일 정도입니다. 깃은 네모로 각이 진 목판깃

회장   여자 저고리의 깃, 끝동, 곁마기, 고름 따위에 대어 꾸미는 색깔 있는 헝겊. 또는 그런 꾸밈새.

이며, 직선 형태의 소매와 짧고도 좁은 옷고름 등이 조선 초기 저고리의 특징을 잘 갖추고 있습니다. 저고리의 전체적인 구성은 균형이 잘 맞으며, 색상도 전통적인 쪽물을 들인 염색이 지금껏 곱게 남아있습니다.

이 저고리의 뒷 중심선 오른쪽에 '장씨소대長氏小對'라는 글씨가 있어서 이 저고리의

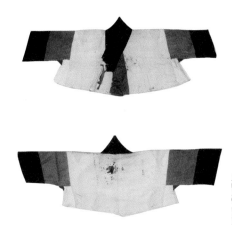

세조 때 것으로 추정되는 상원사 불상에서 나온 회장저고리. 약 550년이나 된 저고리지만 보존 상태가 좋다. 월정사 소장.

주인이 세조의 후궁 가운데 장씨 성을 가진 사람이 아닌가 하는 추정을 하고 있습니다만 확실하지는 않습니다. 이 회장저고리는 조선 초기 저고리의 특징을 잘 보여주는 귀한 자료입니다. 중요민속문화재 제219호로 지정되어 강원도 평창군 월정사에 보관되어 있습니다.

한복 차림을
더욱 우아하게 하는 노리개

노리개는 조선 여인네들의 한복 저고리 겉고름 또는 치마허리에 차는 꾸미개(장신구)입니다. 모양이 다양하면서도 화려하고 섬세한 노리개는 궁중 사람들은 물론이고, 백성에 이르기까지 두루 즐겨 찼습니다. 몸에 차는 꾸미개는 원래 칼이나 숫돌 같은 삶에 필요한 물건을 허리에 찼던 북방 유목민의 풍속이 전해진 것이라 하지요. 서긍의 『고려도경』에는 "고려시대 귀족 부녀자들이 허리띠에 금방울·금향낭金香囊을 찼다"라는 기록도 있습니다. 이렇게 허리띠에 달았던 꾸미개들은 고려시대 후기에 들어서면서 저고리의 길이가 짧아지자 허리 대신 고름에 달게 되었지요.

노리개는 띠돈, 끈목, 꾸미개, 매듭, 술의 다섯 부분으로 되어 있습니다. 먼저 띠돈帶金은 노리개의 맨 윗부분에 달린 고리로 노리개 전체를 옷끈에 달 수 있도록 만듭니다. 네모·동그라미·꽃 모양·나비 모양으로 만들고 띠돈의 겉면에는 꽃·불로초·용 따위의 동식물무늬와 길상무늬를 새깁니다. 이 띠돈을 끈목多繪이 꾸미개(패물)와 연결해줍니다.

끈목에 달리는 꾸미개(패물)의 개수
에 따라 1개를 다는 단작노리개, 3개
를 한 벌로 다는 삼작노리개가 있지
요. 삼작노리개는 다시 대삼작, 중삼
작, 소삼작으로 나뉘는데 대삼작노
리개는 궁중이나 양반가의 혼례용으
로 쓰였고, 중삼작노리개는 궁중과
양반들의 일상에서, 소삼작노리개는
젊은 여성이나 아이들이 차던 것입
니다. 특히 대삼작노리개는 옥나비,
밀화불수密花佛手, 산호가지, 은장도
따위로 꾸며 매우 화려하지요. 재료
에 따라 금·은·옥·밀화·산호 노
리개, 형태에 따라 박쥐·나비·매
미·천도·투호·방아다리 노리개
로 불립니다. 이밖에 향갑·향낭(향
주머니)·침낭·장도와 같이 실용적

국립민속박물관에 소장된 삼작노리개(위)와 확대한 떠
돈 모습.

밀화불수　　밀랍 느낌의 천연호박으로 만든 꾸미개.

인 것을 달기도 하지요. 또 꾸미개에는 매듭이 달리는데, 꾸미개를 더욱 아름답게 보이도록 합니다. 마지막으로 달리는 술(유소流蘇)은 길게 늘어뜨려 노리개를 우아하게 보이도록 해주는데 딸기술·봉술·끈술·방울술 따위가 있습니다. 한복도 외면당하는 오늘날에는 노리개를 단 우아한 여인을 길에서 보기는 어려워졌습니다.

수입된 지 100년도 안 된
고무신

일제강점기 잡지 『조선』 1923년 1월호에 수록된 「호모화護謨靴에 관한 조사」라는 글에는 다음과 같은 내용이 나옵니다.

호모화의 유입은 1919년경부터 개시되어 당시는 양화형洋靴型의 것으로 극히 소량에 불과했으나, 1921년 봄 무렵 선화형鮮靴型의 것이 나타나자마자 별안간에 조선인들의 환영을 받아 도시에서 시골로 보급되고 지금은 한촌벽지에 이르기까지 잡화상의 점두店頭에도 볼 수 있는 상황이 되었다.

여기에 나오는 '호모화'는 고무신을 이르는 말인데, '호모'는 '고무'의 일본어식 음차音借 표기입니다. 고무신이 우리나라에 처음 등장한 것을 잡지 『조선』은 이렇게 소개하고 있지요. 처음에는 서양식 구두를 본떠 단화 형태로 나왔지만 나중에 조선식으로 개량해 나온 뒤 도시는 물론 시골두메까지 엄청난 인기를 누린 듯합니다. 우리 겨레가 오랫동안 신어온 짚신을 팽개치

질기고 질긴 고무신이 등장하면서 전통의 짚신을 대체했다. 1960~1970년대는
타이야표 통고무신의 유행이 일기도 했다.

고 고무신 한 켤레 갖는 것을 소원할 정도가 되었던 것이지요.

이러니 다투듯 고무신 공장이 나타났는데, 그 가운데 '대륙고무공업'은
광고 문안에 순종은 물론 모든 궁인이 대륙고무가 만든 고무신을 애용한다
고 광고를 하기까지 했습니다. 그러나 이렇게 인기를 끌었던 고무신에 큰
단점이 하나 있었으니 바로 땀이 나면 빠져나가지 않는다는 것이었지요. 그
바람에 발에 부스럼이 나 문제가 된다는 기사가 날 정도였습니다.

이런 문제점과 함께 전 세계적인 대공황의 여파로 한층 어려워진 경제사정
을 들어 고무신 배척과 함께 짚신으로 돌아가자는 운동을 벌이기도 했지만,

싸고 질긴 고무신의 인기는 사그라질 줄 몰랐습니다. 그 뒤 1960~1970년대는 타이야표 통고무신의 유행이 일기도 했지요. 어쨌든 고무신이 우리나라에 들어온 지 100년도 안 되는데 고무신이 마치 우리의 전통신인 줄 착각하여 여성들이 한복을 입을 때 꽃무늬가 그려진 고무신을 신어야 되는 것으로 아는 사람들이 많습니다. 우리의 전통신에는 짚신과 함께 양반들이 신었던 태사혜, 흑혜, 당혜 따위가 있습니다.

『동아일보』 1921년 8월 19일 자 고무신 광고.

해녀가 물질할 때 입던
소중기

제주의 잠녀는 일본의 해녀보다 추위에 강하다. 또 임신이나 월경 중이라도 꺼리지 않고 사철 작업을 한다. 잠수를 할 때는 '소중기'라고 부르는 남색 무명의 수영복을 입는다. 앞쪽은 젖가슴까지 덮지만, 뒤쪽은 등이 다 드러나고 가느다란 옷감이 열십자로 아래쪽에 붙어 있다.

1935~1937년 제주에 머물며 제주문화를 연구했던 일본인 이즈미 세이이치泉靖一가 쓴 『제주도濟州島』에 나오는 이야기입니다. 그에 따르면 해녀들은 '소중기'를 입고 물질을 했습니다. 소중기는 '소중이', '수건', '도곰수건', '물옷'이라고도 부르지요.

소중기는 제주말로 속옷을 뜻하는 것으로 원래 집에서 짠 무명으로 만들었는데 차츰 직물공장에서 만든 광목을 썼지요. 그리고 사람들은 제주 특산물인 감으로 물들인 갈옷 소중기를 좋아했습니다. 이는 미역을 짊어져도 때가 덜 타고 생리중이어도 걱정이 없기 때문입니다. 또 소중기는 넉 자 가량

(가로 25cm, 세로 200cm)의 무명옷감으로 짓는데 조각보 방식으로 한 번에 접어 만든다고 하지요. 다만 가슴 부분은 다른 옷감으로 덧대기 때문에 두 겹이 되어 자연스레 젖가슴을 보호하게 됩니다.

제주 해녀들이 물질할 때 입던 소중기. 국립민속박물관 소장.

그런데 이 소중기는 역사의 뒤안으로 사라지고 해녀들은 이제 바다 속 추위를 견딜 수 있게 하는 고무옷을 입고 물질을 합니다. 그 덕분에 오랜 시간 물질을 할 수 있어서 그만큼 소득이 늘어났습니다. 다만 고무옷은 쉽게 가라앉지 않아서 무거운 납덩이를 매달고 바다로 뛰어들어야 하고, 바다 물이 더워질 때는 고무옷에 살이 짓무르는 고통을 감수해야 한답니다. 편리함과 늘어난 소득 대신 또 다른 구속을 감내해야 하는 삶이 되었습니다. 예전에는 "노름꾼이 소중기를 입고 노름을 하면 돈을 딴다"라는 믿음이 있어 소중기를 빨아서 말리려고 돌담에 걸쳐두면 종종 도둑맞기도 했다지요. 하지만 이제 소중기는 박물관에나 가야 볼 수 있습니다.

제주도 농부들이 썼던 모자, 정당벌립

'정당벌립'은 제주도 사람들이 밭일을 하거나 소나 말을 키울 때 썼던 댕댕이덩굴패랭이로 '정동벙것'이라고도 부릅니다. 이 모자는 밀짚모자와 모양이나 기능이 비슷하지만, 머리가 모자 속으로 푹 들어가지 않고 머리 윗부분에 얹히게 만들어 상투를 보호해주는 점이 다르지요. 이 정당벌립도 차양이 넓은데, 대신 윗부분을 말총으로 만든 총모자는 작고 뾰족한 형태를 하고 있습니다.

정당벌립은 특히 말이나 소를 치는 사람들에게 아주 이상적인 모자입니다. 그 까닭은 정당벌립에 가시가 걸리더라도 가시는 모자에 닿자마자 미끄러져 모자가 벗겨지지 않고, 머리나 얼굴이 가시에 긁힐 일이 없기 때문이지요. 뿐만 아니라 여름에는 갈옷과 함께 따가운 햇볕을 피하게 하고, 비 오는 날에는 새풀로 엮은 도롱이와 함께 입어 유용합니다. 숲이 우거진 한라산을 누비며 살아야 했던 제주도 사람들의 생활에 적합한 모자지요.

정당벌립은 한라산에 자생하는 댕댕이덩굴로 만듭니다. 댕댕이덩굴 줄기

제주 사람들의 모자 '정당벌립'. 국립민
속박물관 소장.

는 내구성이 강하고 탄력성이 좋을 뿐 아니라 물에 젖으면 잘 구부러져 풀
공예에 적합한 재료지요. 또 줄기의 지름이 2mm 이하여서 공예품을 만들
면 짜임이 섬세하고 질감이 좋습니다. 그래서 예부터 댕댕이덩굴로 삼태기,
수저집, 바구니, 채반 따위를 만들어 썼습니다. 정당벌립을 만드는 장인은
제주도 시도무형문화재 제8호로 지정되었는데 현재 기능 보유자는 홍만년
선생입니다.

제**6**장

풍속

새해가 되면 세화로
액을 물리쳤다

새해가 되면 우리는 세배를 하고, 떡국을 먹으며, 성묘를 갑니다. 그런데 조상들은 그런 일 말고도 새해를 맞으면 세화를 선물하고, 그 세화를 안방이나 대문에 붙였지요. '세화歲畵'는 새해를 맞아 나쁜 것을 막고 복을 지키기 위해 그린 그림을 말하는데, 대문에 많이 붙이기 때문에 '문배門排' 또는 '문화門畵'라고도 합니다.

이 세화를 궁궐에서는 도화서圖畵署에서 그려 골고루 나누어주었습니다. 조선 초기에 도화서에서 그리는 세화는 해마다 60장 가량이었는데, 중종 때에 이르러서는 신하 한 사람당 20장씩 내렸을 정도로 양이 늘어났습니다. 이를 위해 임시로 고용된 차비대령差備待令이 각각 30장을 그릴 정도였습니다. 조선 후기 홍석모의 『동국세시기』의 세화 설명을 보면 "도화서에서 수성壽星·선녀仙女와 직일신장直日神將의 그림을 그려 임금에게 드리고, 또 서로 선물하였으며 송축頌祝의 뜻이 있다"라고 했지요.

김매순의 『열양세시기』를 비롯한 많은 세시풍속 책에서도 이와 비슷한

새해를 맞아 복을 지키고 액을 막기 위해 그려 붙인 여러 세화.

내용으로 세화를 소개하고 있습니다. 세화는 궁궐뿐만 일반 백성들도 그려 붙였는데, 동물 가운데 귀신을 잘 쫓는다고 하는 닭과 호랑이를 비롯하여 해태와 개를 주로 그렸습니다. 특히 삼재三災가 든 해에는 매 그림鷹圖을 대문에 붙여서 집안에 들어오는 재앙이나 액厄을 막으려고 했습니다. 그러나 지금은 세화라는 것이 있던 사실도 모를 뿐더러 당시 세화를 구경하기도 힘든 세상이 되었습니다.

6~7세 이후는
아버지가 양육했다

"집에서 애 하나 똑바로 가르치지 못하고 뭐했어." 어떤 가정에서 나오는 큰소리입니다. 아이가 문제를 일으키자 아버지가 어머니에게 짜증을 낸 것입니다. 얼마 전까지만 해도 가부장적인 사고방식에 젖은 아버지들은 보통 자식의 잘못이 마치 어머니만의 책임인 것처럼 나무랐습니다. 그럼 조선시대 아버지들도 그처럼 자녀 양육의 책임을 어머니에게만 맡겼을까요?

아이가 학업에 소홀하여 나무랐는데 주의 깊게 듣지 않았다. 잠시 후 일어나 나가서 다른 아이들과 어울려 동문 밖에 나갔다. 곧바로 종을 보내 불러오게 했는데 돌아온 뒤 사립문 밖에서 머뭇거리고 들어오지 않았다. (……) 묵재가 그 불손함을 꾸짖으며 친히 데리고 들어오면서 그 뒤통수를 손바닥으로 다섯 번 때렸다. 방에 들어오자 엉덩이를 손바닥으로 때렸다. 이에 손자가 엎드려 울었다.

조선 중기의 문신 이문건李文楗이 쓴 『양아록養兒錄』에 나오는 글입니다.

이문건은 손자가 말을 듣지 않으면 매를 때렸습니다. 때린 뒤 손자가 한참을 엎드려 울자, 자신도 울고 싶은 마음뿐이라 고백합니다. 장조카가 역적으로 몰려 죽임을 당하고 자신도 귀양살이를 하는 어려운 상황이었지만, 이문건은 손자를 가르침에 절대 소

조선시대 아버지들은 아이 교육을 책임질 줄 알았다.

홀하지 않았고 부인에게 책임을 떠넘기지도 않았습니다.

이문건이 쓴 또 다른 책『묵재일기默齋日記』에 보면 손자가 6세 이전에는 어머니가 사는 곳에서 지냈지만, 6세가 되자 자신의 거처에서 항상 돌보며 가르쳤고, 이따금 밖에 나들이할 때면 데리고 가서 세상을 배우게 했다고 합니다. 이렇게 자란 이문건의 손자 이수봉은 임진왜란 때 전쟁터에서 공을 세우고도 상을 사양해 많은 칭송을 받았습니다. 그렇게 조선시대의 선비들은 6~7세 이후의 자식 교육에 책임을 지는 사람들이었지요. 자식이 자라서 존경받는 큰 인물이 되기를 바란다면 이문건의 마음가짐을 배우면 좋겠습니다.

쌀 고르는 전문가,
미모

『세종실록』 5년(1423년) 2월 10일 다섯 번째 기사는 "대궐 안에서 신부信符를 차고 다닐 사람의 수효는~" 하고 시작합니다. 여기를 보면 당시 요리와 관련된 일을 맡아보던 사옹원에 소속된 실제 노비는 250명이 넘었다고 나옵니다.

실록에는 요리 관련 직책의 이름이 나오는데 고기 요리를 담당한 별사옹別司饔, 찜 요리 전문가 탕수증색湯水蒸色, 채소요리 전문가 채증색菜蒸色, 굽는 요리 전문가 구색炙色, 밥 짓는 반공飯工, 술을 담그는 주색酒色 등이 있습니다. 물 긷는 수공水工, 물 끓이는 탕수탁반湯水托飯, 쌀을 고르는 미모米母, 상차림 전문가 상배색床排色도 있지요.

여기서 우리는 수라간에서 요리하는 일이 얼마나 분업화되고 전문화되어 있는지를 짐작할 수 있습니다. 또 각 수라간에 배치된 미모와 떡 전문가 병모餠母를 빼면 수라간 전문가 절대 다수는 남자였음이 확인됩니다. 궁궐에서 잔치가 있을 때는 진연도감進宴都監이 임시로 설치되고 숙설소熟設所(궁중

쌀을 고르는 '미모', 물 끓이는 '탕수탁반'.

에서 큰 잔치를 준비하려고 임시로 세운 주방)를 세우고, 궁 밖에 사는 별도의 대령숙수 40~50명이 음식을 만들었는데 이들은 모두 남자였지요. 이처럼 궁궐 수라간의 사정을 살펴보는 것도 재미난 일입니다.

기자신앙,
아들을 낳게 해주세요

예부터 전해오던 풍속으로 '기자신앙祈子信仰'이 있습니다. 자식, 특히 아들이 없는 부녀자가 아들을 낳으려고 신에게 비는 민간신앙의 하나입니다. 조선시대에는 아들을 중요하게 여기는 사회적 환경 때문에 기자신앙이 더욱 발달했지요. 그런데 기자 행위는 『삼국사기』, 『삼국유사』의 시조탄생신화에도 나타나는 것으로 보아 오랜 옛날부터 있었습니다. 단군신화에서도 웅녀는 그와 혼인해주는 이가 없자 늘 신단수 아래에 가서 아이를 잉태하려고 빌었지요. 이럴 때 신단수, 용왕당, 삼신당, 미륵보살에 빌기도 했지만 특히 남자의 성기를 닮은 남근석男根石이 인기 있었습니다. 옛사람들은 남근석이 생명체를 탄생시키는 신비한 힘을 소유하고 있다는 원초적인 믿음을 갖고 있었지요.

이런 믿음은 지금의 눈으로 보면 미신에 불과할지 모릅니다. 하지만 기자신앙에 담긴 여인들의 자식에 대한 간절한 정성과 절박한 염원, 생명체에 대하여 지녔던 존엄성 따위는 오늘날에도 여전히 유효한 생각 아닐까요?

옛사람들은 남근석에 아들을 낳게 해달라고 빌었다. 안동민속박물관 전시 모습.

또 이러한 믿음을 통해서 부인들은 아들을 낳지 못한 불안과 초조감을 줄일 수 있었고, 정신적인 위안을 얻으면서 인내심을 기를 수 있었다는 점에서 그리 무시할 일만은 아닐 것입니다.

임금도 함부로 부르지 못한 신하,
불소지신

　　조선시대 세자는 나중에 임금이 되기 위한 영재교육을 받았습니다. 그래서 세자를 가르치기 위한 별도의 기관을 두었지요. 태조 때에는 그저 '세자관속世子官屬'이라 하여 관리만 두었는데, 세조 때 드디어 '세자시강원世子侍講院'을 설립했습니다. 유학 교육을 통해서 미래의 임금인 세자가 임금으로서 갖추어야 할 학문적 지식과 도덕적 자질을 기르게 하는 것이 목적이었지요.

　　이때 세자를 가르치는 시강관은 모두 당대의 실력자가 임명되었습니다. 세자의 스승은 가장 고위직인 영의정과 좌·우의정이 맡았지요. 하지만 이들은 나랏일로 바빴기 때문에 실제로 세자를 가르치는 사람은 빈객賓客 이하 전임관료들이었습니다. 이들은 주로 문과 출신 30~40대 참상관參上官(정3품에서 종6품 관료)으로 당상관 승진을 눈앞에 둔 사람들이었습니다. 그런데『중종실록』13년(1518년) 12월 26일 기사를 보면 다음과 같은 대목이 나옵니다.

세자시강원에 걸었던 '춘방' 편액. 효명세자의 예필이다. 국립고궁박물관 소장.

"대신大臣을 대하는 데는 반드시 예모禮貌로써 하여야 합니다. 옛날에는 '불소지신不召之臣이 있으니, 그에게 배운 다음에 그를 신하로 삼는다' 하였는데, 이와 같은 자는 얻기가 쉽지 않습니다."

여기서 '불소지신不召之臣'은 '함부로 부르지 못할 신하'라는 뜻이지요. 그래서 세자가 뒤에 임금이 되어도 스승을 예로써 대했습니다. 요즘 학생이나 학부모가 선생님을 함부로 대했다는 기사를 보면 이들에게 '불소지신' 이야기를 들려주면 좋겠다는 생각을 해봅니다.

스승의 가르침을 받기 위한
속수례

이 때에 와서 세자가 의위儀衛를 갖추고 요속僚屬을 거느리고 성균관에 이르러, 유복儒服을 입고 대성전大成殿에 들어와서 문선왕文宣王과 네 분의 배향위配享位에 제사를 지내고, …… 박사에게 속수례束脩禮를 행하고, 세자가 당堂에 올라 소학제사小學題辭를 강講하였다. 돌아와 신궁에 나아가서 잔치에 배석하였는데, 임금이 학관學官과 학생에게 음식을 주도록 명하였다.

『세종실록』 3년(1421년) 12월 25일 기록입니다. 조선시대 왕세자는 세자시강원 관원에게 수업을 받았습니다. 세자시강원은 왕세자의 교육을 전담하던 기관으로, 영의정이 책임을 맡았지요. 그때 성균관에서 열린 왕세자의 입학식은 나라의 큰 행사였습니다. 조선시대에는 제자가 가르침을 얻으려면 스승에게 먼저 허락을 구해야 했는데, 그 예법을 가리켜 '속수례束脩禮'라 합니다. '속수束脩'는 '포 한 묶음'이라는 뜻으로 비단, 육포 등 가장 간소한 예물을 올린 것이지요.

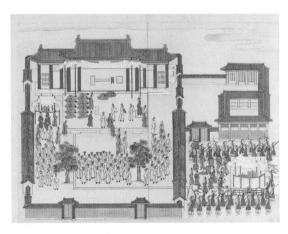

국립고궁박물관에 소장된 『왕세자입학도王世子入學圖』 중 한 장면. 박사의 입학 수락을 받은 왕세자가 박사에게 폐물을 올리고 있다.

앞의 기록처럼 왕세자라 할지라도 입학식 절차에 따라 처음 뵌 스승께 속수례를 깍듯이 해야 했는데 왕세자가 "아무개가 지금 스승님께 가르침을 받으려고 감히 뵈옵기를 청합니다"라고 하면 스승은 "아무개는 덕이 없으니, 왕세자께서는 욕됨이 없게 하소서"라고 합니다. 왕세자가 아닌 때는 "내 학식이 부족하여 그대들에게 도움이 없을까 저어하네"라고 하지요. 이처럼 스승께 예를 다하여 제자가 되기를 청하고 깨우침을 전하는 스승도 겸손한 마음으로 사양하다 받아들이는 것이 조선시대의 관습이었습니다.

대한제국 말기 집집마다
초상사진을 걸어둔 까닭은?

"짐朕이 머리를 깎아 신하와 백성들에게 우선하니 너희들 대중은 짐의 뜻을 잘 새겨서 만
국萬國과 대등하게 서는 대업을 이룩하게 하라."
- 『고종실록』 32년 11월 15일

고종 32년(1895년) 11월 15일에 고종이 단발령을 내리자 온 나라가 들끓
습니다. 조정에서는 단발령을 내리는 까닭으로 단발을 함으로써 만국과 동
등해질 수 있고 위생적이며 활동적임을 내세웁니다. 하지만 백성들은 '신체
발부수지부모身體髮膚受之父母' 곧 '몸과 터럭과 살갗은 부모에게서 받은 것이
다'를 금과옥조로 삼아서 머리카락 자르는 것을 불효로 보았기에 받아들일
수 없었지요.

그래서 백성들은 단발령을 완강히 거부했고, 이에 순검들이 길거리에서
상투를 마구 자르거나 민가에 들어가 강제로 머리를 깎기도 했지요. 이에
곳곳에서 의병이 일어났고, 심지어 남편이 머리 자르고 양복을 입고 집에

단발령 이후 양반들은 상투를 자르기 전 사진을 찍어두었다.

들어오자 자결까지 한 16세의 어린 신부도 있었습니다. 현실적으로 단발령을 거부할 수 없자, 어쩔 수 없이 머리를 자르는 대신 머리 자르기 전 초상사진을 찍거나 초상화를 그려 안방 벽이나 출입문 위에 소중히 걸어놓는 것이 유행이 되었습니다.

그런데 초상사진을 찍는 것은 길었던 머리털을 사진으로 찍어 남겨두려는 뜻 외에 다른 뜻도 있었습니다. 머리털을 자르면 양반과 백성의 구별이 없어지는 것을 두려워하여, 자신이 상투를 튼 양반이었음을 증명하려 했던 일부 양반의 몸부림이기도 했습니다.

생선장수도
유행을 따르다

조선시대 한복에도 유행이 있었습니다. 특히 여성의 저고리를 보면 조선 초기인 1580년 청주 한씨의 덧저고리 길이는 무려 81cm나 되어 엉덩이까지 내려갔는데, 18세기 초 누비 삼회장저고리를 보면 42cm로 짧아집니다. 그러던 것이 조선 후기로 오면 극단적으로 짧아지지요. 1780년 청연군주의 문단 삼회장저고리는 19.5cm이며, 1900년대에 아주 짧아진 저고리는 길이가 12cm밖에 안 되는 것도 있었습니다. 이렇게 짧아진 저고리는 젖가슴이 보일락 말락 하는 것은 물론 배래(한복의 옷소매 아래쪽 부분)도 붕어의 배처럼 불룩 나온 붕어배래가 아니라 폭이 좁고 곧은 직배래여서 혼자는 도저히 입을 수 없었습니다. 그렇게 맵시를 위해 불편함을 감수했던 것이 1930년대에 오면 다시 저고리 길이가 길어져 현대와 비슷한 26cm가 되었습니다.

그래서 조선시대 후기 풍속화에는 이렇게 짧은 저고리가 많이 보입니다. 특히 혜원 신윤복의 그림 〈저잣길〉을 보면 두 여성이 등장하는데, 생선 행

조선시대 여성의 저고리는 후기로 갈수록 점점 짧아졌
다. 혜원 신윤복의 풍속화 〈저잣길〉. 국립중앙박물관
소장.

상을 하는 젊은 아낙의 저고리가 짧아 젖가슴이 보일락 말락 하지요. 뒷모
습만 보이는 나이든 아낙의 긴 저고리와 대조적입니다. 저고리 길이의 유행
은 기생들이 이끌었지만, 조선 후기쯤 되면 사대부가의 점잖은 여성을 빼고
는 많은 여성이 짧은 저고리를 입었습니다.

정초의 방명록 '세함'을
아십니까?

각사의 서리배와 각영의 장교와 군졸들은 종이에 이름을 적어 관원과 선생의 집에 들인다. 문 안에는 옻칠한 소반을 놓고 이를 받아두는데, 이를 세함歲銜이라 하며, 지방의 아문에서도 이러하였다.

홍석모洪錫謨의 『동국세시기東國歲時記』에 나오는 기록입니다. 또 한양漢陽의 세시기를 쓴 책 『열양세시기洌陽歲時記』에 따르면, 설날부터 정월 초사흗날까지는 승정원과 모든 관청이 쉬며, 시전市廛 곧 시장도 문을 닫고 감옥도 비웠다고 합니다. 서울 도성 안의 모든 남녀가 울긋불긋한 옷차림으로 왕래하느라 떠들썩했다고 하지요. 한편 이 사흘 동안 정승, 판서 같은 고위관원의 집에서는 세함만 받아들이되 이를 문 안으로 들이지 않고 사흘 동안 그대로 모아 두었다고 합니다.

'세함歲銜'은 지금의 방명록이나 명함과 비슷합니다. 흰 종이로 만든 책과 붓, 벼루만 책상 위에 놓아두면 하례객이 와서 이름을 적었습니다. 설이 되

붓

먹 벼루
방명록

정초에 손님은 대문 안에 마련된 지필묵으로 자신을 이름을 쓰고 돌아갔다.

면 일가친척을 찾아다니면서 세배를 하기 때문에 집을 비우는데, 그 사이에 다른 세배객이 찾아오면 허탕을 칠 수 있지요. 이때 세함을 놓고 가면 누가 다녀갔는지 알 수 있습니다. 요즘 쓰는 명함과 달리 정초에만 사용되므로 세함이라 부르지요. 이때 방문객이 세함을 놓고 갈 뿐 마중하고 배웅하는 일이 없는데, 이는 정초에 이루어지는 각종 청탁을 배제할 수 있는 장점이 있습니다. 또 먼 곳에 세배를 가야 하는 사람들이나 벼슬이 높아 궁중의 하례식에 참석하는 경우 만날 수 없는 사정을 해결하기 위한 것입니다. 지금은 없어졌지만 참 좋은 풍습입니다.

임금도 돈을 빌렸다,
이덕유와 어음

어음은 일정한 돈을 일정한 날짜에 치르기로 약속하는 유가증권입니다. 그 어음과 관련된 이야기가 황현黃玹이 쓴 역사책 『매천야록梅泉野錄』에 있습니다.

> 이덕유는 서울의 중인이다. 나라에서 으뜸가는 부자로 민영준과 견주어도 더 앞선다. 젊었을 때 북경으로 들어가다가 요동에서 한 죄수를 보았다. 돈 천금만 있으면 죽음을 모면할 수 있다고 하기에 이덕유가 전대를 풀어 그에게 주었다.

이후 이덕유가 다시 중국에 갔을 때, 돈을 주었던 죄수가 그 돈을 갚으려고 기다렸다가 오지 않자 그 돈을 불려 밭을 사고 큰 농장을 만들어 소작료로 만석을 받는 재산을 만들어 놓았다며 바쳤지요. 이덕유는 불쌍한 이에게 덕을 베풀고 그 덕은 다시 큰 재산이 되어 돌아온 것입니다. 그 뒤 이덕유는 집에 마제은(청나라 때의 말발굽 모양 돈)이 여러 곳간에 그득할 정도로 부자가 되었습니다. 그의 이름이 널리 중국에까지 알려지자 임금이 중국에 재물을 쓸 일이 있으면 이덕유에게 어음을 받아 보냈고, 청나라 장사꾼들도 임금의 옥쇄보다 이덕유의 어음을 더 믿었지요.

조선시대의 어음은 '어험魚驗' 또는 '음표音票'라고도 했는데 조선 후기에 접어들어 신용을 으뜸으로 하는 개성상인 사이에서 먼저 쓰였습니다. 당시 어음은 보통 길이 6~7치(20cm 안팎), 너비 2~3치의 종이에 쓰였지요. 일단 어음을 쓰면 보통 어음의 가운데를 지그재그 모양으로 잘라 채무자의 이름이 있는 쪽인 남표男票를 채권자에게 주고 다른 한쪽인 여표女票를 채무자가 가졌습니다. 남표를 가진 사람이 채무자에게 지급을 요구하면 채무자는 그가 가지고 있던 여표와 맞추어 보고 어음에 쓰인 돈을 주었지요.

조선시대에는 어음이 널리 융통되었다.

고산 윤선도의 입양,
나라에서 허락했다

조선 전기만 해도 우리나라는 고려시대 가족제도를 이어받아 아들과 딸이 똑같이 재산을 나누는 '균분상속제'였으며, 제사도 아들은 물론 딸도 함께 지냈습니다. 그러나 이러한 가족제도는 임진왜란 이후 급격하게 변하여 균분상속제가 무너지고 부계 중심의 가족제도로 굳어집니다. 그와 함께 입양 사례가 빠르게 늘어나는데, 이는 장자상속이 보편화된 것과 무관하지 않습니다.

이러한 장자상속과 그에 따른 입양사례를 가장 실감나게 엿볼 수 있는 것이 보물 제482-5호 〈고산 양자 예조입안〉 문서입니다. 이 문서는 선조 35년(1602년) 6월 초이틀에 윤유심尹唯深의 둘째아들인 선도를 윤유심의 형인 유기唯幾에게 양자로 들일 것을 예조禮曹에서 허가한 결재문서지요. 이를 보면 양쪽 집안의 동의서를 확인하고 『경국대전』「입후立後」의 규정에 따라 나라에 이를 허가하여 달라는 청원서를 냈는데, 이를 좌랑, 정랑, 참의, 참판, 판서가 수결(오늘날의 서명)하여 허락한 것입니다.

이렇게 양자를 들이는 일에 나라가 문서로 허락한 것을 보면 입양이 일정한 절차에 따라 이루어졌음을 알 수 있지요. 동시에 이 문서는 장자의 혈통을 증명하는 역할을 하고 있습니다. 그래서 만약에 있을지도 모르는 직계혈통에 대한 시비나 재산권 상속에 중요한 증명이 되는 것이지요. 해남 윤씨 가는 다른 가문에 견주어 입양을 통해 대를 이은 경우가 많은데 이는 고산의 아버지인 윤유기에서부터 시작되었습니다. 특히 어초은 윤효정

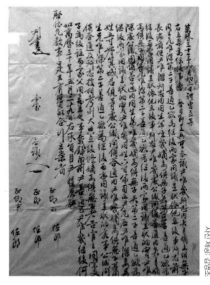

사진 제공: 김영조

고산 윤선도의 입양을 허락한 예조의 〈고산 양자 예조 입안〉 문서. 해남 윤씨 집안은 입양을 통해 대를 이은 경우가 많았다. 녹우당 유물전시관 소장.

이래 12대 윤광호에 이르기까지만 종손으로 4명이 입양되어 종통을 이었지요. 따라서 입양은 해남 윤씨 가의 특별한 가풍이 되었으며, 어쩌면 그 덕에 그 많은 재산이 흩어지지 않고 이어갈 수 있었는지도 모릅니다.

208

임금이 초가로 거처를 옮기고
식음을 끊은 까닭은?

원상 최항·김질이 아뢰기를, "근래 날씨가 가뭄으로 인하여 감선減膳하신 지가 이미 오래 되었는데, 지금 또 낮에 수반水飯을 올리도록 하시니, 선왕조의 감선한 것도 이러한 데 이르지는 아니하였습니다" 하니 전지傳旨하기를, "세종조에는 비록 풍년이 들었더라도 수반을 올렸는데, 지금 수반을 쓴들 무엇이 해롭겠는가?" 하였다. 김질이 말하기를, "대저 비위脾胃는 찬 것을 싫어하므로, 수반이 비위를 상할까 염려하는데, 보통 사람에게 있어서도 또한 그러하거늘, 하물며 지존至尊이겠습니까?" 하니 전지하기를, "경卿의 말과 같다면 매양 건식乾食을 올려야 하겠는가?" 하였다.

『성종실록』1년(1470년) 6월 1일 기록입니다. 또『인조실록』22년(1644년) 5월 5일에는 다음과 같은 내용도 있습니다.

감선   임금이 수라상에 반찬 가짓수를 줄이는 것.
수반   물에 만 밥.

재앙이 닥치면 임금은 초가로 거처를 옮기고 식음을 끊었다.

"인심이 이미 떠났고 나라의 형세가 이미 위태해져서, 헤아릴 수 없는 변이 가장 가까운 사람에서서 일어났고, 위험한 종기가 이미 터져서 고름은 짜내 버렸지만 원기는 저절로 손상되었으며, 천재와 시변이 날로 더욱 심해져서, 조정과 외방이 모두 걱정하며 당황하여 아침 저녁도 보전하지 못하게 되었습니다. 전하께서 이런 때에 만일 마음속으로 대단히 경계하여 그 정사를 고쳐 바로잡지 않으신다면, 아마도 재앙과 난리가 일어나지 않는 때가 없을 것이요, 우리를 사랑하던 하늘도 반드시 우리를 잊어버리는 데에 이를 듯하니, 어찌 크게 두려워할 일이 아니겠습니까."

이렇게 조선시대에는 가뭄, 홍수가 들거나 전염병이 돌아 백성들이 고통을 받으면 임금이 나라를 잘못 보살펴서 하늘로부터 벌을 받았다고 생각했습니다. 그래서 수라상의 반찬을 줄이거나 물에 만 밥을 먹기도 했고, 심지어 초가로 거처를 옮기고 음식을 전혀 먹지 않거나 약도 먹으려 하지 않는 등 백성의 고통에 함께하는 모습을 보였습니다. 요즘 정치인들도 조선시대 임금의 감선하고 수반을 먹는 자세를 본받으면 좋겠습니다.

조선에 처음 들어온 축음기,
귀신소리 난다

요즘 세상에 음악 듣기는 어렵지 않습니다. 공연장도 많고 시디플레이어는 물론 컴퓨터로도 즐기지요. 심지어 슬기전화(스마트폰)가 그 역할을 대신하기도 합니다. 그러나 예전에는 음악 듣기가 무척이나 어려웠습니다. 조선시대 후기에 오면 판소리가 유행하는데 이때는 명창을 불러다 들을 수밖에 없었지요. 그러다가 1860년대 독일 상인 오페르트를 통해서 '축음기蓄音機'라는 것이 처음 소개되었습니다. 축음기는 말 그대로 '소리를 쌓아두는 기계'인데 이를 처음 본 조선 관리는 '귀신소리 나는 기계'라고 했다지요.

명창 박춘재는 우리나라에 축음기가 들어온 지 얼마 안 되어 고종 황제 앞에서 축음기에 소리를 녹음해 즉석에서 들려주었습니다. 그리고 1887년에는 미국의 빅터 레코드사로 건너가 음반을 녹음하기도 했지요. 그 뒤 1930년대 대중가요가 크게 유행하자 덩달아 축음기도 인기를 끌었습니다. 그러나 이때 축음기를 사려면 회사원이 몇 달치 월급을 모아야 가능했기에 축음기를 '방탕한 자의 사치품'이라 했지요. 심지어 축음기를 가진 총각에게는 딸

일제강점기에는 축음기를 '방탕한 자의 사치품' 이라 여겨서, 축음기를 가진 총각에게는 딸을 시 집보내지 않았다. 인천근대박물관 소장 축음기.

을 시집보내지 않았다고 합니다.

그렇게 부유한 사람 외에는 축음기가 없던 시절 판소리 명창 임방울은 외삼촌 김창환과 송만갑의 주선으로 동양극장에서 〈춘향가〉 가운데 "쑥대 머리"를 불렀고, 이를 음반으로 취입하여 120만 장이 팔렸습니다. 지금도 100만 장을 팔기가 어렵다는데, 당시 정말 귀했던 축음기로만 들을 수 있었 던 때 판소리 음반 120만 장 판매기록은 정말 상상하기 어려운 일입니다.

막걸리 좋아하는 한국 도깨비,
뿔 달린 일본 도깨비

    열대야 때문에 잠을 못 드는 한여름이면 어릴 적 긴긴 여름밤에 모깃불 놓고, 옥수수를 쪄먹으며 옛날이야기, 도깨비 이야기 따위를 듣던 일이 생각이 납니다. 그때 들었던 도깨비는 어떻게 생겼고 어떤 성격이었나요? 설화에 나오는 도깨비 모습을 보면 '키가 팔대장 같은 넘', '커다란 엄두리 총각', '다리 밑에서 패랭이 쓴 놈', '장승만한 놈'이라고 표현합니다. 도깨비의 모습도 우리와 친근하지만 성격은 더 그렇습니다.

    도깨비는 먹고 마시며, 춤추고 노래 부르는 것을 좋아합니다. 메밀묵과 수수팥떡, 막걸리를 좋아하며, 씨름을 즐기고, 말의 피를 가장 무서워합니다. 예쁜 여자를 좋아하고 심술을 부리기도 하는데 따돌림을 당하면 화를 내고, 체면을 중시하는가 하면 힘이 장사이며, 신통력을 가지고 있어 사람을 부자로 만들어주거나 망하게 하기도 합니다. 이렇게 신통력을 가졌음에도 우직하고 소박하여 인간의 꾀에 넘어가는 바보 같은 면도 있습니다. 또 사람의 간교함에 복수를 하기도 하지만 되레 잘되게 도와주는 엉뚱한 결과

214

한국 도깨비는 우직하고 소박하며 사람과 친근한 존재였다. 국립중앙박물관에 소장된 도깨비 얼굴 모양 수막새.

를 가져오기도 하지요. 자신에게 해를 끼치지 않으면 결코 해코지를 하지 않는 도깨비는 대체로 인간적이며 교훈적입니다. 또 도깨비 이야기에서는 현실에서 실현하지 못하는 사람의 욕망을 이루도록 도와주기도 합니다.

그런데 예전 그림책의 도깨비를 보면 머리에 뿔이 하나 달리고 커다란 도깨비 방망이를 들고 있으며 포악하기도 했습니다. 어찌된 일일까요? 우리 겨레의 설화에 보면 얼굴 위로는 보았다는 이야기가 없는데 말입니다. 뿔하나 달린 건 일본 도깨비 '오니'지요. 또 오니는 포악하기도 해서 분명 한국의 도깨비와는 다릅니다. 어느 사이 우리의 옛날이야기에도 일제 잔재가 스며든 것은 아닐까요? 열대야에 잠 못 드는 밤 한국의 도깨비와 함께 막걸리라도 마시면 좋겠습니다.

스승의 가르침 10년,
어머니 뱃속 교육보다 못해

사람이 처음 뱃속에서 잉태되었을 때는 누구나 하늘로부터 똑같은 천품을 부여받지만,
뱃속에서 열 달을 지내면서 사람의 좋고 나쁜 품성이 형성된다. 따라서 사람의 품성이 결
정되는 처음 열 달의 태교가 출생 뒤의 교육보다 중요하다.

사주당 이씨師朱堂 李氏가 정조 24년(1800년)에 아기를 가진 여자들을 위
해 한문으로 글을 짓고, 아들인 유희柳僖가 음의音義와 언해를 붙여 순조 1년
(1801년)에 펴낸 『태교신기胎敎新記』에 나오는 말입니다. 『태교신기』는 모두
10장으로 나뉘어 있는데 제1장 「지언교자只言敎字」 곧 '자식의 기질적인 병
은 부모로부터 연유한다'로 시작하여 마지막 제10장 「추언태교지본推言胎敎
之本」 곧 '태교는 남편에게 책임이 있으니 부인에게 가르쳐 주어야 한다'로
맺습니다. 이 책은 여성들에게 태교를 권장하기 위한 교육지침서로 일찍이
태교의 중요성을 깨달아 그 이론과 실제를 체계적으로 정립했다는 데 그
뜻이 있지요. 또한 이 책은 언해본으로, 19세기 초 우리나라 한자음과 근대

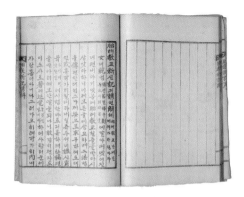

사주당 이씨는 일찍이 태교의 중요성을 깨달아 그 이론과 실제를 체계적으로 정립했다. 사주당이 쓰고 아들인 유희가 연해를 붙인 『태교신기』. 한글박물관 소장.

국어의 모습을 알 수 있는 자료로서도 의미가 있습니다.

이 책을 쓴 사주당은 출가하기 전부터 이미 호서 지방에서 군자다운 풍모로 이름을 날리고 있었지요. 그런데 집이 가난한 탓에 혼례를 치르지 못하고 있다가 22세 연상이면서 세 번이나 부인을 맞았던 유한규에게 시집을 갑니다. 사주당의 아들로 『언문지諺文志』를 비롯하여 100여 권의 책을 쓴 실학자이자 언어학자인 유희의 회고에 따르면, 남편인 유한규가 첫날밤 "나의 어머니는 연세가 일흔 둘인데, 눈이 잘 안보이고 화를 잘 내시므로 모시기가 어려울 것이오"라고 말하자 사주당은 "세상에 옳지 않은 부모는 없다고 했습니다"라며 시어머니를 극진히 모셨음은 물론 늘그막에 목천 현감이 된 남편이 청렴한 공직생활을 할 수 있도록 이끌어 주었습니다.

『여범女範』이라는 책에서 전해오기를 옛날의 현명한 여인이 임신을 하면 반드시 태교를
하여 몸가짐을 삼갔다 하는데 모든 책을 보아도 상세하게 전하질 않고 있어 고민 끝에
이 책을 지었다.

사주당은 이렇게 책을 쓴 뜻을 밝힙니다. 그녀는 또 태교를 이론으로만
다루지 않고 몸소 임신 중에 그대로 실천해보았다지요. 사주당은 평생 자식
교육을 제일의 관심사로 여겼는데 임종 직전 자신이 쓴 모든 책을 불태워
없애면서도 『태교신기』만은 집안의 여성들이 반드시 읽어보아야 할 책이라
생각하여 남겨두었습니다. 사주당은 유교적 남녀관이 팽배하여 여성이 주
체적인 삶을 살기 어려웠던 조선시대에 여성 지식인으로서 고군분투했지
요. 그녀는 사임당 신씨나 『음식디미방』을 쓴 장계향에 견주어 결코 모자람
이 없는 여성 군자입니다. 사주당이 『태교신기』를 통해 주장한 "스승의 가
르침 10년이 어머니의 뱃속 교육 열 달만 못하다"라는 말은 의학이 발달한
오늘날에도 여전히 귀담아들을 내용이 아닐까요?

달빛을 받으며
생황과 철금 연주하기

하루는 선군(박지원)이 담헌(홍대용)의 집에 갔을 때 구리철현금(양금) 몇 벌이 있는 것을 보았다.

대개 중국에 갔던 사신을 통해 들어오게 되었는데 당시 연주할 사람이 없었다. 선군이 시중

드는 자에게 그것을 내리게 하니 담헌은 웃으며 "연주할 줄 모르는데 무엇에 쓰려나?" 하

였다. 이에 선군이 작은 관으로 시험 삼아 연주하면서 말하기를 "그대는 가야금을 가지고

와서 현을 따라 함께 연주하여 그것이 어울리는지 시험해보지 않겠는가?" 하였다.

연암 박지원의 둘째아들이 아버지의 회고담을 듣고서 기록해둔 내용입
니다. 이 글의 뒷부분을 보면 그들이 여러 번 맞춰 연주하니 드디어 화음을
이루었다고 전합니다. 또 이후 금사(김억)와 같이 연주하기 위해 모였는데,
고요한 밤에 음악이 시작되자 선배인 효효재(김용겸)가 음악을 듣고 연주하
는 곳에 왔지요. 그는 생황과 철금(양금)을 번갈아 연주하는 것을 듣다가 서
안 위의 구리쟁반을 두드리며 흥겨워하더니 슬그머니 나가 돌아오지 않았
습니다. 이에 다른 이들이 달빛을 받으며 찾으러 가자 효효재는 수표교에서

무릎에 금禁을 놓고 두건을 벗은 채 달을 바라보고 있었지요. 이에 그들은 술상과 악기를 그곳으로 옮겨 오랫동안 즐겼다고 합니다.

온갖 놀이가 넘쳐나는 현대인에게는 이런 일이 별 재미없는 일일지 모릅니다. 하지만 책을 읽고 시를 읊조리며, 악기 연주하는 것을 최고의 즐거움으로 알았던 선비들에게는 두고두고 잊지 못할 즐거운 경험이었을 것입니다. 그렇게 음악을 함께할 벗들이 있음이 부러울 뿐입니다. 박지원은 "효효재 공이 세상을 떠난 뒤로 다시는 이 같은 운치 있는 일이 없었다"라고 했다지요.

국악기 가운데 유일하게 화음을 내는 생황. 국립민속박물관 소장.

생황 가느다란 대나무 관대 17개가 통에 동글게 박혀 있는 악기로, 국악기 중 유일하게 화음을 낸다.
금 고려 예종 때부터 조선 말기까지 궁중에서 사용하던 대표적인 아악기의 하나.

제7장

인물

'징분질욕' 네 글자를 써서
곁에 붙여둔 강석덕

강석덕은 성품이 청렴하고 강개慷慨하고 고매高邁하며, 옛 것을 좋아하였다. 과부寡婦가

된 어미를 섬겨서 지극히 효도했으며, 배다른 형제兄弟를 대우하여 그 화목을 극진히 하

였다. (······) 관직에 있으면서 일을 생각할 적엔 다스리는 방법이 매우 주밀周密했으며, 집

에 있을 때는 좌우左右에 책을 두고는 향香불을 피우고 단정히 앉았으니, 고요하고 평안

하여 영예를 구함이 없었다. 손수 '징분질욕懲忿窒慾'이란 네 개의 큰 글자를 써서 좌석의

곁에 붙여두고, 손에서는 책을 놓지 아니하였다.

『세조실록』 5년(1459년) 9월 10일 기사에 나오는 지돈령부사知敦寧府事 강
석덕姜碩德(1395~1459년)의 졸기卒記입니다. '졸기'란 죽은 인물에 대한 간
결한 평을 담은 글이지요. 조선 초기의 유명화가 강희안姜希顏과 뛰어난 문
인 강희맹姜希孟 형제의 아버지인 강석덕은 '징분질욕懲忿窒慾' 곧 '분노를 참
고 사욕을 억제한다'라는 좌우명을 철저히 지키고 살았던 사람입니다.

그는 병이 위급한 지경에 이르러서도 여러 아들에게 글을 읽게 하고는 이

강석덕은 '징분질욕'이라는 좌우명을 철저히 지키면서 평생을 살았다.

를 들고 있었지요. 또 아들에게 말하기를 "내가 나이가 60세가 되었는데, 비록 공리功利는 다른 사람에게 미치지 못했지마는 일을 행하는 데 권모權謀와 사기詐欺가 없었으니, 스스로 반성해 보아도 부끄러움이 없다"라고 했습니다. 이 시대의 벼슬아치들에게 이런 강석덕을 본받으라 한다면 무리일까요?

매국노 상전을 꾸짖은
여종

"이근택아, 너는 대신이 되어 나라의 은혜를 크게 입었는데 나라가 위태로운데도 목숨을 던져 나라를 구할 생각은 하지 않고 도리어 죽음을 면했다고 자랑하느냐? 너는 참으로 개만도 못한 놈이다. 내가 비록 천한 사람이지만 어찌 개의 종이 될 수 있겠느냐? 내 힘이 약해서 너를 두 동강이로 베지 못하는 것이 한스럽다. 나는 다시 옛 주인에게 돌아가겠다."

조선 말기 나라를 팔아먹는 데 앞장섰던 을사오적의 하나인 이근택李根澤(1865~1919년)의 여종이 이근택을 크게 꾸짖으면서 한 말입니다. 이 여종은 을사늑약에 끝까지 반대하다 파면된 한규설의 종이었는데, 한규설의 딸이 이근택의 아들과 혼인할 때 따라간 교전비轎前婢였지요. 이근택이 을사늑약이 체결된 뒤 땀을 뻘뻘 흘리며 돌아와 "나는 다행히 죽음을 모면했다"라며 자랑스럽게 말하자, 부엌에 있던 여종이 이 말을 듣고 식칼을 들고 나와 호통을 쳤지요. 이런 내용은 조선 말기 황현黃玹이 고종 1년(1864년)부터

여종은 을사오적 이근택을 크게 꾸짖었다.

1910년까지 47년 동안을 기록한 책『매천야록梅泉野錄』에 나옵니다. 나라를 팔아먹는 데 앞장선 상전을 꾸짖는 기개를 이 시대의 우리도 닮아야 하겠습니다.

천방지축 이항복을
큰 인물로 키운 어머니 최씨

　해학으로 절망의 시대를, 청빈으로 재상의 길을 걸은 이항복李恒福
(1556~1618년). 그는 조선 중기의 문신文臣, 정치가, 시인, 작가지요. 죽마고
우인 이덕형李德馨과의 우정 이야기 '오성과 한음'으로, 또 명재상으로 잘 알
려진 인물입니다. 그런데 이항복이 훌륭한 인물로 자란 것은 어머니 최씨의
자녀 교육이 바탕이 되었다고 하지요.

　이항복은 어렸을 때 무척 장난이 심했다고 합니다. 아무리 타일러도 듣지
않자, 그의 어머니는 소복을 입고 머리를 풀어헤치고 사당祠堂 앞에 갔습니
다. 그리고 식음을 전폐한 채 조상에게 자식을 잘못 가르친 죄를 빌었습니
다. 이를 본 이항복은 어머니가 죽으려 하는 것으로 알고 깜짝 놀라며 용서
를 빌었지요.

　그러자 어머니는 "아버지가 없는 너를 이 어미가 잘못 가르쳤구나. 자식
을 잘못 기른 죄로 조상 앞에 갈 면목이 없어 죽지도 못할 죄인이니 머리를
잘라 조상께 사죄드리려 한다. 남자가 호탕하고 의리가 강한 것이야 말할

천방지축 이항복을 어머니가 큰 인물로 키웠다.

수 없이 좋은 일이나 그 호탕함이 충분한 인격과 교양으로 받쳐지지 못하면 일개 한량이 될 뿐 장래 사회를 위해 큰 재목은 될 수가 없다"라고 간곡히 말합니다. 위대한 인물은 그렇게 탄생했습니다. 현대사회에서도 인격과 교양이 뒷받침되지 않은 사람은 그저 모리배일 뿐임을 이항복의 어머니는 가르쳐줍니다.

정약용이 탄복한 청렴한 선비,
정범조

정조 경신년(1800년) 여름, 나는 법천에 갔는데 해좌공이 손을 붙잡으며 기쁘게 맞아주셨
다. 그때 집안사람이 벽장의 시렁 안에서 종이 한 묶음을 꺼내 가지고 나가니, 공은 빙그
레 웃었다. 내가 찬찬히 살펴보니, 대체로 식량이 떨어진 지 며칠 된 형편이었다. 종이를
팔아 70전을 얻어서 쌀을 사고 말린 고기 한두 마리를 사서 손님들을 대접해주었는데,
그 종이는 비문碑文이나 비지碑誌를 청하는 자가 폐백으로 가져다준 것이었다. 그런데도
공은 태연한 모습이어서 깜짝 놀라 탄복하였다.

다산 정약용이 해좌海左 정범조丁範祖(1723~1801년)에게 채제공의 비문을
받으러 갔을 때의 일을 기록한 내용입니다. 정범조는 벼슬이 예문관 제학,
형조판서에 이르렀으며 정조가 나라를 다스리는 데 큰 도움을 주었던 인물
입니다. 학문과 문장도 뛰어났지만 청렴하고 단아한 인품 때문에 더욱 추앙
을 받았지요.

그 정범조는 식량이 떨어진 지 며칠이 될 정도로 살림 형편이 어려웠지

해좌 정범조는 폐백으로 받은 종이를 팔아 손님을 대접했다.

만, 찾아온 손님에게 내색을 하지 않고 폐백으로 받은 종이마저 내다 팔아 대접했던 것입니다. 공자는 『논어論語』, 「위령공편衛靈公篇」에서 "도에 어긋날까 걱정해야지 가난을 근심해서는 안 된다君子憂道 不憂貧"라고 강조했는데 정범조는 그런 교훈을 지킨 셈입니다. 그가 떠난 지 200년이 되는 요즈음 정범조 같은 선비가 그리워지는 것은 왜일까요?

시 한 편과
목숨을 바꾼 권필

궁궐 버들 푸르고 꽃은 어지러이 나는데 宮柳青青花亂飛

성 가득 벼슬아치 봄볕에 아양 떠네 滿城冠蓋媚春暉

조정에선 입 모아 태평세월 노래하지만 朝家共賀昇平樂

누가 포의 입에서 위험한 말을 하게 했나 誰遣危言出布衣

조선 중기의 시인 석주石洲 권필權韠(1569~1612년)의 「궁류시宮柳詩」입니다. 때는 광해군 시절로 유씨 가문이 득세했습니다. 무려 일가 다섯이 동시에 급제하기도 했는데 이는 소위 '뇌물비리'에 의한 것이었지요. 임숙영이라는 선비는 과거에서 이러한 행동을 아주 신랄하게 비판했고, 광해군은 격노하여 임숙영의 합격을 취소시켰습니다. 이를 개탄한 권필은 「궁류시」를 지었고, 이로 인해 매를 맞은 다음 유배길에 오릅니다. 그러나 권필은 사람들이 주는 이별주를 폭음하여 이튿날 죽었는데, 시 한편과 목숨을 맞바꾼 셈이지요. 시에서 말한 '궁궐의 버들'은 유씨를 견준 것이며, '포의'는 임숙

권필은 임금의 잘못을 꾸짖는 시 한 편과 목숨을 바꾸었다.

영을 가리킵니다.

권필은 송강 정철鄭澈의 문인으로, 성격이 자유분방하고 구속받기 싫어하여 벼슬하지 않은 채 삶을 마쳤습니다. 임진왜란 때에는 구용具容과 함께 전쟁을 해서라도 나라를 지켜야 한다는 강경한 주전론을 펼쳤지요. 또 권필은 아첨배 이이첨李爾瞻이 가깝게 지내기를 청했으나 거절할 정도로 명분에 분명한 선비였습니다. 권필이 죽은 지 400년이 지난 지금 권필의 기개가 그립습니다.

자신을 구하고
가난을 구제한 김만덕

　나이 10세 때 아버지는 바다에서 풍랑으로 죽고, 어머니는 전염병으로 죽어 천애 고아가 된 김만덕(1739~1812년)은 친척집에서 살다가 기생이 되었지요. 그러다 양가 출신인 자신이 기생이 된 것이 원통하여 제주목사에게 눈물로 호소한 끝에 기녀명단에서 자신의 이름을 지울 수 있었습니다. 그리곤 객주를 차리고 장사를 하기 시작합니다.

　그녀는 제주의 양반층 부녀자들에게 뭍의 옷감이나 장신구, 화장품을 팔고 제주 특산품인 녹용이나 귤은 뭍에 팔아 많은 돈을 벌었습니다. 그 뒤 관가에까지 물건을 대주고 많은 장삿배도 가지게 되었지요. 그런데 정조 17년(1793년)부터 제주도에는 흉년이 계속되어 세 고을에서만 굶어 죽은 사람이 600여 명이나 되었습니다. 엎친 데 덮친 격으로 나라에서 보낸 구휼미를 실은 배가 침몰해 가난한 이들을 구해줄 곡식 1만 석은 바다 속에 가라앉지요. 이때 김만덕은 자신이 악착같이 번 전 재산을 털어 뭍에서 쌀 500여 석을 사다가 굶어죽는 백성을 살렸습니다.

제주시에 있는 김만덕기념관. 김만덕은 자신의 모든 재산을 아낌없이 내놓아 사람들의 생명을 살렸다.

김만덕은 이렇게 자신의 처지에 좌절하지 않고 끝내 신분을 뛰어넘어 부자가 되었으며, 이웃이 어려울 때 자신의 모든 재산을 아낌없이 내놓아 사람들의 생명을 살렸습니다. 그런 김만덕을 기리기 위해 제주도는 해마다 김만덕 축제를 열고, 김만덕기념사업회에서는 '나눔 쌀 천 섬 쌓기, 만 섬 쌓기' 등의 행사를 벌이고 있지요. 요즈음 자신의 부를 쌓으려 남의 등을 치고 거짓말을 일삼는 사람들이 많은데 김만덕은 본보기가 될 참으로 귀한 여인입니다.

김홍도를 최고의 화가로 키운
강세황

저 사람은 누구인고? 수염과 눈썹이 새하얀데 머리에는 사모(벼슬아치들이 관복을 입을 때 쓰는 모자)를 쓰고 몸에는 평복을 입었으니 마음은 산림에 가 있으되 이름은 조정의 벼슬아치가 되어 있구나. 가슴 속에는 수천 권의 책을 읽은 학문이 있고, 또 소매 속의 손을 꺼내어 붓을 잡고 휘두르면 중국의 오악을 뒤흔들만한 실력이 있건마는 사람들이 어찌 알리오. 나 혼자 재미있어 그려봤다!

조선 후기의 문인이자 화가로 문단과 화단에 큰 영향을 끼쳤던 표암豹菴 강세황姜世晃(1713~1791년)이 자화상을 그리고 쓴 화제畫題입니다. 세상이 알아주지 않아 60년을 벼슬 한 자리 하지 못했어도 스스로 대단한 학식과 포부가 있다고 생각하며 절치부심 자신을 닦았습니다. 그가 지은 「도화도桃花圖」라는 한시를 보면, 꽃이 피지 않아도 세상을 원망하지 않고 붓으로 꽃

화제   그림 위에 쓰는 시문詩文.

을 그린다는 마음가짐으로 꿋꿋하게 살아간 것을 알 수 있습니다.

올해는 봄추위 심하여 今歲春寒甚

복사꽃 늦도록 피지 않았네 桃花晩未開

정원의 나무들 적막하지만 從敎庭樹寂

꽃이야 붓으로 그려 피우리라 花向筆頭栽

강세황은 시 · 서 · 화 삼절三絶로 일컬어졌으며, 남달리 높은 식견과 안목을 갖춘 사대부 화가였습니다. 그는 최초로 서양화법을 수용하여 우리 미술의 이정표가 되었고, 원근법적인 새로운

강세황은 남달리 높은 식견과 안목을 갖춘 사대부 화가로, 단원 김홍도의 스승이다. 국립중앙박물관에 소장된 강세황 초상.

형식을 도입하여 그동안의 관념적 산수화에서 벗어나 사실적인 산수화를 선보였지요. 그런데 강세황은 단지 그림을 잘 그린 것만으로 평가를 받는 것이 아닙니다. 그는 김홍도가 중인의 신분임에도 꺼리지 않고 그림을 가르쳐 조선 최고의 화원이 되게 한 훌륭한 스승이었습니다.

옛날이든 오늘이든 대부분의 화가가 한두 가지만 잘 그리고, 여러 가지를 다 잘하지는 못하였다. 그러나 김홍도는 인물, 산수, 신선, 부처, 꽃, 과일, 새와 동물, 벌레, 물고기, 게 등 못 그리는 것이 없고, 모든 것이 절묘한 작품이라 그를 뛰어넘을 화가가 없다.

　　표암 강세황이 제자였던 단원 김홍도에 대해 쓴 『단원기檀園記』입니다. 김홍도의 작품과 성품, 강세황과의 관계에 대한 내용을 담은 글이지요. '조선 시대 화가' 하면 누구나 단원 김홍도를 먼저 떠올리는데, 김홍도는 원래 중인의 아들이어서 화원으로서 출세하기 어려운 점이 있었습니다. 그러나 강세황은 같은 마을에 살던 어린 김홍도를 제자로 삼아 그림과 글을 가르쳤을 뿐만 아니라, 김홍도가 20세도 되기 전에 그를 도화서 화원으로 추천했지요. 그 덕분에 김홍도는 당대 최고의 화가가 될 수 있었습니다.

판서를 부끄럽게 한
아전 김수팽

조선시대 선비들은 청렴한 사람이 많았습니다. 특히 비가 새는 방안에서 일산日傘을 받친 채 "일산이 없는 집에서는 장마철을 어떻게 견디어 내나?"라고 했다는 유관柳寬은 조선조 청백리로 소문났지요. 이수광의 『조선의 방외지사』에 보면 청백리 벼슬아치 김수팽金壽彭의 이야기가 나옵니다. 조선 영조 때 호조 아전을 지낸 김수팽은 청렴하고 강직해 '전설의 아전衙前'이라 불렸는데 다음과 같은 일화도 있습니다.

호조 창고에 나라 보물로 저장한 '금바둑알 은바둑알' 수백만 개가 있었는데 판서가 한 개를 옷소매 속에 집어넣는 것을 보았습니다. 김수팽이 "무엇에 쓰시려고 하십니까?"라고 묻자 판서는 "어린 손자에게 주려고 한다"라고 대답했지요. 이에 김수팽은 금바둑알 한 움큼을 소매에 넣으며 "소인은 내외 증손자가 많아서 각기 한 개씩만 준다고 해도 요 정도로는 부족할 것입니다"라는 말을 해 판서가 금바둑알을 가져갈 수가 없도록 했습니다. 또 김수팽은 아전인 아우가 부업으로 염색을 하는 것을 보고 나라의 녹을

銀1　金1

호조포고

銀2　金2

銀3　金3

銀4　金4

銀5　金5

4346(2013) 이무성曰

ⓒ 한국화가 이무성

금바둑알

전설의 아전 김수팽이 판서를 부끄럽게 했다.

받는 사람이 부업을 하면 가난한 사람이 먹고살 수 없다며 물감통을 뒤엎기도 했지요.

　조선 선비들은 '사불삼거四不三拒'를 좌우명으로 삼고 철저히 지켰습니다. '네 가지를 하지 않고 세 가지를 거절한다'라는 뜻이지요. 사불四不은 곧 부업을 하지 않고, 땅을 사지 않으며, 집을 늘리지 않고, 재임 중인 고을의 특산물을 먹지 않는 것을 일컫습니다. 또 삼거三拒는 윗사람이나 세도가의 부당한 요구를 거절하고, 청을 들어준 다음 답례를 거절해야 하고, 재임 중 경조사에 부조를 일체 받지 않는 것을 이릅니다. 이 사불삼거만 잘 지켜도 화를 면하고 올바른 공인으로 살아갈 수 있지 않을까요?

손수 따비와 쟁기를 든 임금

"정결한 소와 염소로 선농先農에 정성껏 제사하고, 따비와 쟁기로 보전甫田을 몸소 밟으셨습니다. 빛나고 성대한 의식이 이루어지니 아름다운 상서가 이르렀습니다. (……) 사詞에 이르기를, '촉촉한 가랑비 꽃가지의 바람을 재촉하니, 동쪽 들의 버들이 봄빛을 띠게 됐네. 황도黃道에 먼지가 맑게 걷히니, 보연寶輦에 봄빛이 도네. 곤룡포·면류관 차림으로 몸소 따비 잡고 밭갈이하여, 우리 백성들 농상農桑에 힘쓰게 했네.'"

『성종실록』 24년(1493년) 3월 10일 기록에 나오는 내용입니다. 임금이 손수 따비를 들고 농사일을 해보는 것은 농사가 나라의 근본이던 조선시대에는 아주 중요한 행사였습니다. 그러나 따비와 쟁기 같은 농기구를 들고 논밭으로 나갈 농부들은 이제 거의 없습니다. 시골에도 기계화가 진행되어 이런 농기구는 농업박물관에서나 볼 수 있을 뿐입니다.

"작은 다랑이는 그나마 쟁기를 댈 수가 없어 따비로 이겨야 했다." 송기숙의 『녹두장군』에 보면 따비 이야기가 나옵니다. 따비는 풀뿌리를 뽑거나

ⓒ 김영조

쟁기질을 할 수 없는 곳의 땅을 고르는 '따비'(왼쪽)와 논밭의 흙을 평평하게 하는 '번지'.

밭을 가는 데 쓰는 농기구로 쟁기보다 조금 작고 보습이 좁게 생겼지요. 청동기 시대 유물에서도 발견되는 점으로 미루어, 농경을 시작하면서부터 사용한 것 같습니다. 논밭의 흙을 고르고 씨를 뿌리기 전에 모판을 판판하게 고르는 데 쓰기도 하는 '번지', 논이나 밭을 가는 '쟁기'와 '극쟁이', 가래 따위 농기구의 술바닥에 끼우는 넓적한 삽 모양의 '보습' 등은 이제는 쓰지 않는 말입니다. 그러나 해마다 봄이면 농부들은 씨를 뿌립니다. 농기구는 세월에 따라 변하지만 봄에 씨를 뿌리고 가을에 거두는 일만은 변하지 않는 인류의 모습입니다.

도끼를 가지고
상소를 올린 면암 최익현

어떤 이가 공을 세우려고 순검을 데리고 가서 순검들에게 면암 최익현 선생의 머리를 자르라고 하였다. 이에 순검들은 깜짝 놀라 '우리들이 차라리 죽을지언정 어찌 차마 대감의 머리에 칼을 대겠는가?'라며 꾸짖었다. 순검들이 크게 욕하고 가버리니 그의 흉계가 수포로 돌아갔다. 선생이 이 말을 듣고 탄식하기를 '이름이 선비면서 처신이 이와 같으니 참으로 금수만도 못하다'라고 했다.

　1895년에 일어났던 일입니다. 당시 단발령이 내려진 상태였지만 면암勉菴 최익현崔益鉉의 머리는 그 누구도 자를 수 없었습니다. 1906년 홍주洪州 의병 80명이 갇혀 있었는데 일본 헌병이 칼을 가지고 와서 머리를 자르려고 하다가 최익현이 왔다는 소리를 듣고 깜짝 놀라며 모두 달아났다는 이야기도 있습니다. 당시 최익현의 기개는 그 누구도 짓누를 수 없었습니다.

　그도 그럴 것이 최익현은 다른 이 같으면 쉽게 올리지 못할 서슬 퍼런 상소를 여러 차례 했던 것으로 유명합니다. 1876년에는 강화도조약을 결사

조선 말기 학자이자 애국지사인 면암 최익현 초상.
국립중앙박물관 소장.

최익현이 쓴 책『면암집勉菴集』.
국립민속박물관 소장.

반대하며 지부소持斧疏를 올렸다가 흑산도로 유배당했으며, 1895년 을미사변이 일어나고 단발령이 공포되자 '청토역복의제소請討逆復衣制疏'를 올려 항일운동을 전개했지요. 그 뒤 1905년에 을사늑약이 체결되자 조약의 무효화와 박제순, 이완용, 이근택, 이지용, 권중현 등 '을사오적'의 처단을 주장한 '청토오적소晴討五賊疏'를 올려 모든 조선 사람이 그를 존경하기에 이릅니다.

지부소   도끼를 가지고 상소를 올리며 답을 기다리는 것.

50세가 넘어서야:
명주옷을 입은 윤선도

나는 나이 50이 넘어서야 명주옷이나 모시옷을 처음 입었는데, 시골 있을 때 네가 명주 옷을 입은 것을 보고 몹시 불쾌했다. 대체로 이 두 종류의 옷은 대부大夫가 입는 옷으로서 대부들도 입지 않은 이가 많은데, 더구나 평민으로서 대부의 옷을 입어서야 되겠느냐? 이런 복식服飾은 모름지기 물리쳐 가까이 말고 검소한 덕을 숭상하도록 하여라.

충헌공忠憲公 고산孤山 윤선도尹善道(1589~1671년)가 아들에게 내려준 가훈의 일부입니다. 50세가 넘어서야 명주옷을 입었다니 그의 성품을 짐작하고도 남습니다. 윤선도는 「오우가五友歌」와 「어부사시사漁父四時詞」로 익히 잘 알려졌으며, 정철鄭澈, 박인로朴仁老와 함께 조선시대 3대 가인歌人으로 일컫는 문인이지요. 그는 강직한 성품으로 간신배 이이첨을 탄핵하는 상소를 올려 유배되었고, 서인 우두머리 송시열에 맞섰다가 또다시 유배되었습니다.

대부   종1품에서 종4품까지 벼슬한 이를 일컫는다.

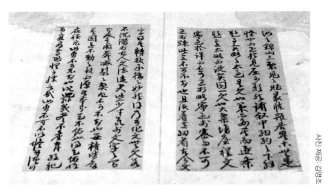

고산 윤선도가 유배지에서 맏아들에게 보낸 편지. 그의 4대손이 '충헌공가훈'이라는 표지를 붙였다. 녹우당 유물전시관 소장.

이렇게 20년 동안의 유배생활이 이어졌지만 그는 봉림대군鳳林大君(훗날의 효종)과 인평대군麟坪大君의 스승이 되었고, 뛰어난 글을 많이 남겼지요.

그의 검소한 성품은 가훈에 잘 드러납니다. "의복이나 안장이나 말馬 등 몸을 치장하는 모든 구습을 버리고 폐단을 없애야 한다. 음식은 배를 채우는 것으로 족하고, 의복은 몸을 가리는 것으로 만족해야 한다. 말은 걸음을 대신하는 정도로 만족해야 하고 안장은 견고한 정도로 만족해야 하며, 모든 기구는 필요한 데에 알맞도록 써야 한다"라며 후손들에게도 검소한 삶을 살 것을 요구했습니다. 윤선도의 위대한 점은 자신과 후손에게는 엄격하면서도 어려운 이웃이나 심지어 집안의 노비에게조차 덕을 베풀었다는 점입니다.

홍수주가 치마에
포도를 그린 까닭은?

조선 중기에 매화, 대나무, 포도를 잘 그린 선비 화가 홍수주洪受疇 (1642~1704년)라는 사람이 있었습니다. 그가 환갑을 맞자 그 부인이 이웃에서 치마를 빌려 딸에게 입혔지요. 그때까지 딸한테 비단 치마를 입힐 엄두를 내지 못했는데 환갑 잔칫날만은 빌려서라도 입히고 싶었던 것입니다. 그러자 손님들은 치마를 빌린 줄은 모르고 홍수주 딸의 아름다움에 넋이 나갈 정도였습니다.

그런데 호사다마라고, 음식상을 다루던 딸의 치마에 간장 방울이 튀어 얼룩이 지고 말았습니다. 큰일이었지요. 가난하여 치마를 해줄 형편이 못되던 홍수주는 고민 끝에 얼룩진 치마에 일필휘지로 포도 그림을 그려나갔습니다. 얼룩이 진 곳에 탐스러운 포도송이와 포도 잎사귀를 그리자 치마는 한 폭의 훌륭한 그림이 되었지요. 홍수주는 이 치마를 중국 사신단을 따라가는 역관에게 부탁하여 비싼 값에 중국인에게 팔았습니다. 그래서 이웃집에 치맛감을 갚았음은 물론 치마폭 몇 감을 더 살 수 있었다고 합니다.

빌린 치마에 간장 방울이 얼룩지자 포도 그림을 그린 홍수주.

홍수주는 3대에 걸쳐 관찰사를 지낸 가문 출신에다 도승지까지 지냈습니다. 그런데 얼마나 청렴했던지 그의 집은 겨우 대여섯 칸에 기둥은 낡고 기와는 깨진 곳이 많았습니다. 도성의 양반집 부녀자들이 모두 비단옷으로 치장할 때, 홍수주의 사랑하는 막내딸은 누렇고 성근 올의 명주옷을 입고 지낼 수밖에 없었지요. 그의 청렴결백은 이 시대 공직자에게 귀중한 교훈이 됩니다.

남의 자식을 죽여서
자기 자식을 살릴 수 없다

듣자 하니 젖을 먹일 여종 학덕이가 태어난 지 서너 달 된 자기 아이를 버려두고 서울로 올라가야 한다고 하더구나. 이는 학덕의 아이를 죽이는 것과 다름이 없다. 『근사록近思錄』에서는 이러한 일을 두고 말하기를 '남의 자식 죽여서 자기 자식 살리는 것은 매우 옳지 못하다'라고 했다. 지금 네가 하는 일이 이와 같으니, 어쩌면 좋으냐. 서울 집에도 젖을 먹일 만한 여종이 있을 것이니……

퇴계退溪 이황李滉(1501~1570년)이 손자 이안도에게 보낸 편지 일부입니다. 이안도의 아들, 곧 이황의 증손자는 어미의 젖을 먹을 수 없었지요. 그래서 이안도는 대신 젖을 먹여 키워줄 여종 학덕을 보내달라고 하지만, 이황은 해산한 지 얼마 안 된 여종 학덕에게 자신의 자식을 내버려두고 가게하는 것은 여종의 자식을 죽이는 것이라며 반대합니다.

퇴계 이황에 관한 일화로 대장장이 배순 이야기도 있습니다. 이황이 소수서원紹修書院에서 글을 가르칠 때, 근처에 사는 대장장이 배순이 뜰아래에

248

『근사록』에는 '남의 자식 죽여서 자기 자식 살리는 것은 매우 옳지 못하다'라는 구절이 있다. 국립대구박물관 소장.

와서 듣고는 했습니다. 이를 지켜보던 이황은 배순이 제자들과 함께 배우게 했습니다. 이황이 풍기군수 임기를 끝내고 고향으로 돌아가자 배순은 그의 동상을 세우고 아침저녁으로 배알하며 글공부를 이어갔습니다. 그로부터 22년 뒤 이황이 죽었다는 소식을 들었을 때는 복을 입고 날마다 동상 앞에서 제사를 지냈다고 합니다.

공신전을 백성에게 돌려준
청백리 이해

'공신전功臣田'은 고려·조선시대에 나라 또는 왕실에서 특별한 공을 세운 사람에게 준 땅을 말합니다. 특히 나라를 연다든지 새로 왕위에 오르는 과정에서 공로가 큰 신하에게 주는 경우가 많았지요. 조선시대에는 조선 개국에 공을 세워 태조 때 책봉된 개국공신開國功臣을 비롯하여 태종·단종·세조·중종·인조·영조 대에 이르기까지 모두 19회에 걸쳐 공신을 책봉하고 공신전을 나누어주었습니다. 공신전은 개인 재산이 되어 상속이 가능할 뿐만 아니라 세금도 면제되었습니다.

이 공신전을 받은 사람으로 광해군을 몰아낸 인조반정 때의 이해李澥(?~1670년)도 있지요. 그는 반정의 공으로 개성부 유수 벼슬을 받은 것은 물론 공신전 150결(약 165만 평)을 받았습니다. 여의도 면적의 63%나 되는 땅입니다. 그러나 이해는 이 공신전에 억울한 백성의 땅이 많이 들어있다면서, 방을 붙여 원 주인이 오면 모두 돌려주게 했지요. 반정 때 반대파로 죄를 받은 사람은 부정축재했다고 하여 재산을 모두 빼앗겼는데, 반대파들이

청백리 이해, 공신전을 백성에게 돌려주다.

부정축재를 할 때 백성의 땅을 빼앗은 것도 많다고 생각한 것입니다. 그는 또 반정하던 날 또 다른 반정공신 심기원沈器遠이 궁중에 쌓여 있는 물건을 나누어 가지자고 했으나 단호히 거절했습니다.

이해의 아버지 이효원李效元은 광해군 즉위 직후 거제도에 유배되었고, 그 때문에 이해 형제는 벼슬을 꿈꿀 수 없었던 것은 물론 오랫동안 끼니를 때 우는 것조차 어려운 삶을 살았습니다. 그런데도 이해는 청백리로서의 삶을 지켰지요. 이 시대 우리는 그런 청백리가 더욱 그리워집니다.

큰비로 백성이 죽어가는 데
불구경하듯 했던 현령

박회朴回에게 전지하기를, "내가 처음에 조운선漕運船 70여 척이 바람을 만나서 표류漂流

침몰沈沒하였다는 것을 듣고, 내 마음에 그 배에 탔던 천여 명의 사람이 다 빠져 죽었으

리라 여겨, 아침저녁으로 진념軫念하였었다. 이제 너의 글을 보니 내 마음이 기쁘다. 네가

빨리 계달하여 나의 진념하던 심회心懷를 풀리게 하였음을 아름답게 여겨 특히 옷 한 벌

을 하사하니, 너는 이를 영수할지어다."

『세종실록』 25년(1443년) 6월 8일 기록입니다. 여기서 조운선漕運船이란
고려시대와 조선시대 때 지방에서 세금으로 거둔 곡물과 생활용품을 한양
으로 운반하는 데 사용했던 배를 말합니다.

앞서 남북국시대(통일신라시대)에는 해상왕 장보고가 뛰어난 배를 만들어
아시아의 해상활동을 장악한 역사가 있습니다만 해상에서의 선박 침몰은
끊이지 않았습니다. 이승인李承仁은 안변 현령縣令으로 재임하던 시절, 큰비
로 냇물이 불어 민가 60채가 떠내려가고 노약자와 여성 20여 명이 물에 빠

큰비가 와 백성이 물에 떠내려가는데도 현령 이승인은 불구경하듯 했다.

저 죽는 사건을 만나게 됩니다. 그러나 그는 제사를 핑계로 나와 보지도 않았고 뒤늦게 나와서는 먼 산 불구경하듯 했다고 『명종실록』 2년(1547년) 9월 10일 기사에서 꾸짖고 있습니다.

"서로 바라다볼 정도의 지점에 물러앉아서 마치 다른 나라 사람을 보듯 하였으며, 침몰沈沒되고 익사할 위험이 있다고 말하면서도 끝내 구원할 뜻이 없었으니, 이는 군명君命을 의식하지 않은 것으로 사체事體가 매몰된 것입니다."

현령의 무책임한 태도에 명종은 그의 죄를 낱낱이 캐물어 응당한 처벌을 하라는 명을 내립니다. 나라의 녹을 받는 사람들이 이 지경이면 무고한 백성의 목숨은 늘 위태로울 수밖에 없지요. 지난 2014년 세월호 침몰 사고가 났을 때도 선장을 비롯한 여러 관계자가 이승인 같은 태도를 취해 304명의 희생자가 나왔습니다.

일제강점기 전형필이라면
광복 뒤에는 윤장섭

우리는 일제강점기 온 재산을 털어서 나라 밖으로 팔려나가는 문화재를 수집한 간송 전형필을 압니다. 그는 문화재를 지키는 것으로 또 다른 독립운동을 했지요. 그런데 일제강점기에 전형필이 있다면 광복 뒤에는 윤장섭이 있습니다. 윤장섭은 개성 출신으로 6·25전쟁 이후 쏟아져 나온 많은 문화재가 나라 밖으로 빠져나가는 것을 안타깝게 여겨, 사명감과 열정을 가지고 우리의 문화재를 수집·보존하기 시작합니다. 그 뒤에는 당시 미술사 학계의 3대 대가인 최순우, 황수영, 진홍섭 같은 개성 선배들이 있었지요.

1974년 1월 국립중앙박물관장 최순우에게 편지 한 장과 도자기 몇 점이 배달되었습니다. "품평 앙망하나이다. ① 백자상감모란문병 200만 원 ② 분청사기철화엽문병 250만 원 ③ 자라병(높은 값을 부르는데 혹 모조품은 아닌지요)." 최순우는 그 편지 위에 바로 답장을 써 보냅니다. "②번은 값을 좀 조절하더라도 놓치지 마십시오. 나머지는 별것 아닙니다." 귀찮다 생각하지 않고 언제나 꼼꼼히 따져 조언을 준 덕분에 실수 없이 윤장섭은 문화재를

호림박물관이 있는 서울 강남 신사동 호림아트센터 모습.

사들일 수가 있었습니다.

　그렇게 문화재를 수집하던 윤장섭은 1981년 7월 성보문화재단을 설립하고, 이어서 40여 년간 수집한 문화재 중 835점을 출연하여 1982년 10월 서울 강남구 대치동에 호림미술관을 개관했지요. 조상의 얼이 담긴 문화재를 모든 국민이 다함께 보고 감상할 수 있게 하기 위해서였습니다. 이후 1986년 1월 호림박물관으로 이름을 바꾸어 현재까지 이어지고 있습니다.

　호림박물관은 토기(3,000여 점), 도자기(4,000여 점), 그림과 책류(2,000여 점), 금속공예품(600여 점) 등 약 1만 점을 소장하고 있는데, 이 가운데 54점의 유물이 국가문화재로 지정되어 있지요. 현재 간송미술관, 호암미술관과 함께 3대 사설박물관으로 알려져 있습니다.

큰 스승 세종,
끊임없이 질문을 하다

병진년에 최해산崔海山이 도안무사都安撫使가 되었을 때, 치보馳報하기를, "정의현旌義縣에서 다섯 마리의 용龍이 한꺼번에 승천하였는데, 한 마리의 용이 도로 수풀 사이에 떨어져 오랫동안 빙빙 돌다가 뒤에 하늘로 올라갔습니다."

『세종실록』22년(1440년) 1월 30일 기록입니다. 이에 세종은 "용의 크고 작음과 모양과 빛깔과 다섯 마리 용의 형체를 분명히 살펴보았는가? 또 그 용의 전체를 보았는가, 그 머리나 꼬리를 보았는가, 다만 그 허리만을 보았는가? 용이 승천할 때에 운기雲氣와 천둥과 번개가 있었는가? 용이 처음에 뛰쳐나온 곳이 물속인가, 수풀 사이인가, 들판인가?"라며 끊임없이 질문합니다.

세종의 이런 탐구력은 조선의 과학을 당대 최고로 끌어올렸고, 그러한 과학을 바탕으로 훈민정음 창제까지 이루어낸 것이지요. 세종대왕을 우리는 겨레의 가장 큰 스승이라고 합니다. 그렇기에 세종대왕 탄신일을 스승의 날

세종의 끊임없는 질문에 답을 하는 신하.

로 했을 것입니다. 요즘 학교 교육에서는 질문이 사라졌다고 합니다. 오로지 시험 점수를 잘 받을 수 있는 공부만 해야 하니 교사도 질문하지 않고 학생들의 탐구정신도 사라진 것이지요. 오늘날 세종의 탐구정신이 다시 살아나면 좋겠습니다.

정치적 식견이 큰
조선의 명재상, 황희

역사상에 국가 민족을 위하여 끼친 공적을 말하자면 설총 선생의 이두, 세종대왕의 훈민
정음, 문익점 선생의 목화재배, 김장 선생의 회례편람, 국방에는 양만춘, 을지문덕, 이순신
장군이요, 정치 식견에는 황희, 정도전, 이이, 정약용, 박지원을 꼽을 수 있다.

『삼천리』 제7권 제3호(1935. 3. 1) 중 「선구자를 우러러 위대한 사상의 큰
어른들」에 나오는 내용입니다. 정치적 식견에 탁월한 것으로 알려진 황희
(1363~1452년)는 의정부議政府에 24년간 있으면서 일처리는 대범하며 사리
에 맞고 기본적인 것만 들으면 낱낱의 조항은 저절로 알아서 처리하지 못
하는 일이 없었다고 전해집니다.

태종 때부터 세종 때까지 임금의 보살핌과 신임이 매우 중하여, 대소사를
막론하고 결정하기 어려운 일이 있으면 반드시 황희를 불러 자문을 구했다
고 하지요. 특히 태종이 그를 두고 "공신은 아니지만 나는 공신으로서 대우
했고, 하루라도 접견하지 못하면 반드시 불러서 접견했으며, 하루라도 좌우

명재상 황희 초상, 국립중앙박물관 소장.

를 떠나지 못하게 하였다"라고 할 정도였습니다.

황희는 춘추관을 비롯해 사헌부 감찰, 형조·예조·병조·이조의 정랑 등 주요 관직을 두루 거쳤습니다. 그러나 재산을 축적하지 않은 청백리로, 생을 마감하기까지 파주 반구정伴鷗亭에서 갈매기를 벗 삼아 여생을 보냈지요. 사람들은 그를 두고 '소신과 관용의 리더십을 갖춘 명재상'이라고 부르는 것을 주저하지 않습니다.

이조판서 오윤겸,
나라가 망할 것이라며 울다

　　조선 중기, 하루는 정사를 마치고 인조 임금과 신하들 사이에 술자리가 벌어졌습니다. 이때 문신 오윤겸吳允謙(1559~1636년)이 매우 취하여 임금 앞에 엎드려 울었지요. 이에 임금이 무슨 까닭인지 묻자 "나라가 망하려고 해서 웁니다"라고 대답합니다. 재차 임금이 왜 나라가 망하느냐고 물었고, 오윤겸은 "신이 사사로이 아는 사람을 처음 벼슬하는 사람으로 추천하였는데, 전하께서 누구냐고 물으셨을 때 사사로운 관계라고 말씀을 드렸는데도 낙점하셨습니다. 이는 전하께서 신과의 인연에 구애되어 바른 도리로 신하를 꾸짖지 않으신 것입니다"라고 말했지요.

　　오윤겸은 벼슬자리를 사사로이 줄 수가 없는데도 물욕에 눈이 어두워 임금을 제대로 보필하지 못한 자신을 질책하며 울었던 것입니다. 영의정까지 지내면서도 끝없이 스스로 채찍을 가했던 그는 마지막 벼슬자리를 물러나면서 임금에게 간곡히 아룁니다. "사무를 밝게 살피는 것을 능사로 삼지 말며, 한 시대를 유지하는 것만으로 족하다 하지 말아야 하나이다."

나라가 망할 것 같다며 임금 앞에서 엎드려 운 오윤겸.

오윤겸은 관리가 마땅히 지켜야 할 도리에서 도덕성이 빠지면 제아무리 일을 잘해도 소용없다는 것을 강조했습니다. 도덕성이 없는 관리에게 나랏일을 맡기는 것은 마치 꾀 많은 도적에게 칼을 쥐어주는 것과 다를 바가 없다는 것이지요. "내가 나라에는 공이 없고, 몸에는 덕이 없었다. 그러므로 비석을 세우거나 남에게 만장을 청하는 일을 하지 말라." 오윤겸은 죽을 때 남긴 유언에서도 공명심을 좇는 불나방처럼 되는 것을 꺼렸습니다. 청렴결백한 모습으로 나라의 기운이 쇠하지 않기를 빌었던 진정한 관리였던 것입니다. 이 시대 우리에게도 오윤겸 같은 공직자가 절실합니다.

임금의 꿈에 용으로 비친 장수, 정기룡

"상주 목사 정기룡鄭起龍은 인심을 얻었고 또 싸움도 잘하니 이제 당상堂上에 올리어 토포사討捕使로 삼아 적이 만약 다시 움직이면 상주 낙동강을 막아 지키거나 혹은 물러나 토기兔機를 지키게 해야 할 것이며, 왜적이 움직이기 전에 도내에 있는 토적을 잡는 것이 유익할 것 같습니다."

『선조실록』 27년(1594년) 8월 21일 기록입니다. 조선 중기의 무신으로 임진왜란과 정유재란 때 국난을 이겨내는 데 큰 공을 세운 매헌梅軒 정기룡 鄭起龍(1562~1622년) 장군은 선조 13년(1580년) 경상남도 고성에서 향시에 합격하고, 1586년 무과에 급제합니다. 『한국구비문학대계』에 수록되어 있는 정기룡 장군의 설화에는 그가 이름을 '기룡'으로 바꾼 이야기가 나옵니다.

(정가룡이) 과거 보러 갔을 때, 임금이 낮잠을 자고 있었다. 임금의 꿈에 용이 하늘로 올라갔다. 임금이 신하를 불러 무슨 일이 있느냐고 물으니, 정가鄭哥라는 사람이 막 과거에

급제했다고 한다. 이러한 일로 인해 이름을 정기룡으로 고쳤다.

정기룡 장군은 그다지 알려지지 않
았지만 실제로는 이순신 장군에 버금
갈 만큼 큰 무공을 세운 장군입니다. 그
는 1590년 경상우도 병마절도사 신립
의 휘하에 들어가 훈련원 봉사奉事가 된
이래 1592년 임진왜란 때 별장別將으로
승진하여 거창에서 왜군을 격파하고 금
산싸움에서 포로가 된 조경을 구출한
뒤 곤양의 수성장守城將이 되지요. 그 뒤
1597년 정유재란이 일어나자 토왜대장
討倭大將이 되어 고령, 성주, 합천 등에서

정기룡 장군의 유품은 경상남도 유형문화재 제
286호로 지정되었다. 정기룡 장군이 상주목사를
제수받을 때 교지(아래)와 장도. 경충사 기념관 소
장.

눈부신 활약을 합니다. 1617년 삼도통제사 겸 경상우도 수군절도사에 올
라 통영統營 진중에서 병사했습니다. 교서, 장검, 임금이 벼슬을 내릴 때 발
급하는 명령서인 유서 등의 유품이 지금까지 전해오는데, 이들 유품은 문중
에서 보관해오다가 1989년부터 경상남도 하동의 경충사 기념관에서 보관
·전시하고 있습니다.

선조 임금의 사랑을
한 몸에 받은 송언신

200여 년이 지난 뒤에 그 일을 아뢰는 자가 있기에 가져다 보니 그 문장이 마치 운한雲
漢이 밝은 빛을 내며 회전해서 찬란하게 문장을 이루어 상서로운 빛이 나와 하늘을 찌르
는 것 같았다. (……) 듣건대 그의 집이 옛부터 한강 남쪽에 있는데 매우 가난하여 이 첩
을 정성들여 걸어둘 곳이 없다 하므로 그 고을 수령으로 하여금 집閣을 지어주어 봉안奉
安하게 하였고, 그에게 영양榮襄이란 시호를 내렸다. 그리고 이어 그 자손을 찾아서 그 고
을에서 먹여주도록 하였다.

『정조실록』 13년(1789년) 6월 5일 기록입니다. 송언신宋言愼(1542~1612
년)은 선조 때 사마시에 합격하고 예문관 검열藝文館檢閱과 사간원 정언司諫院
正言 등을 지낸 인물입니다. 언관으로서 서인을 공격하는 데에 앞장서는 바

첩   보통 조선시대 관청의 책임자가 관속에게 내리는 문서를 말하지만, 여기서는 200년 전 선조가 송
       언신에게 내린 어찰을 일컫는다.

람에 여러 번 삭탈관직당하는 등 파란만장한 정치 경력의 소유자입니다. 그러나 선조는 송언신을 몹시 신임하여 그를 파직하라는 상소문도 여러 번 반려하면서 적극 두둔했고, 어찰을 내리는 등 각별한 사랑을 쏟았습니다. 한번은 송언신이 함경감사 시절 어머니의 병구완을 위해 사직을 요청하지만 선조는 "본도(함경도)는 지금 적이 올 것이라는 소식이 있어 조석으로 염려가 된다. 이런 때 방백을 바꿀 수 없으니 경은 우선 참고 직무를 살피라"라며 들어주지 않았습니다[『선조실록』 32년(1599년) 2월 25일 세 번째 기록].

보물 제941-2호 송언신 초상. 당시 문관의 모습을 잘 보여준다. 경기도박물관 소장.

그 송언신의 초상이 경기도박물관에 남아 있어 눈에 띕니다. 송언신이 오사모에 단령을 입고 의자에 앉아있는 전신좌상으로 가슴에는 모란과 운안雲雁(구름과 기러기) 무늬가 있는 흉배가 달려 있으며 삽금대鈒金帶를 두르고 있어 정2품의 대사헌과 이조판서를 지낸 송언신의 당시 품계를 잘 나타내줍니다. 단령의 외곽선은 부드럽게 처리한 데 견주어 손을 잡은 부위의 주름이나 윤곽은 모나게 처리되어 있고, 옷 주름은 간단히 균일한 선으로 처리하는 등 매우 정교한 그림입니다. 이 영정은 송언신이 죽기 1년 전인 1611년 작품으로, 오늘날 우리에게 당시 문관의 모습을 잘 보여주고 있습니다.

삼금띠   조선시대 정2품의 벼슬아치가 관복에 매던 띠.

청백리 인정받자
사양한 조사수

소신은 천성이 본래 잔약하고 어리석어서 남에게 무엇을 요구하지는 않지만 남들이 혹시 주는 것이 있으면 받아서 먹기도 하였으니 청렴하지 못한 사람입니다. 전하께서 너그러이 용납하시어 탐관오리를 면한 것만으로도 만족한데 사실과 달리 넘치는 이름을 얻고 보니, 이는 신이 하늘을 속이는 죄를 받을 뿐만 아니라 깨끗한 정사政事를 지향하는 전하께도 혹 누가 될는지 두려우며 몸 둘 바를 몰라 저도 모르게 이마에 땀이 맺히고 등에도 땀이 흐릅니다. 청백리의 이름을 지워주소서.

이는 유배지나 다름없는 제주목사가 되어 갔다가 제주의 문제점을 소상히 적어 올린 뒤 제주도 방어문제로 노심초사하던 임금에게서 청백리로 인정받은 송강松岡 조사수趙士秀(1502~1558년)가 한 말입니다. 이렇게 청백리로 인정받는 것에 대해 조사수가 사양하자 명종은 "청백리란 예부터 드문 것이다. 경의 행실은 온 조정이 잘 알기 때문에 천거한 것이니 사양하지 말라"라고 했습니다.

안동 임청각에 있는 송강 조사수 글씨. 임청각은 대한민국임시정부 초대 국무령 석주
이상룡 선생의 생가다.

조사수에 대한 일화는 이것만이 아니지요. 그가 출근하는 길옆에 진복창의 집이 있었는데, 당시 진복창은 윤원형의 심복으로 을사사화 때 사림을 숙청하는 데 앞장섰습니다. 이러한 진복창의 위세를 두려워한 대부분의 관리는 늘 허리를 굽히고 그를 대했습니다. 그런데 조사수만은 3년 동안 진복창의 집 앞을 지나다니면서 한 번도 집에 들러 인사하지 않았다고 합니다. 그렇게 청렴결백에 강직하기까지 했던 조사수 같은 공직자가 지금 시대에는 어디 없나요?

가장 오래된 금속활자본
『직지』를 쓴 백운화상

흰구름 사려고 맑은 바람 팔았더니 白雲買了賣淸風

집안이 전부 비어 뼛속까지 가난하다 散盡家私徹骨窮

겨우 한 칸짜리 초옥이 남아 있는데 留得一間茅草屋

길 떠나면서 병정동자에게 주노라 臨行付與丙丁童

『백운화상어록』에 남아 있는 말입니다. 백운화상白雲和尙(1298~1374년)은 현존하는 세계에서 가장 오래된 금속활자본인 『직지』를 지은 승려입니다. 『직지』는 독일의 금속활자본 『구텐베르크 42행 성서』보다 78년이나 앞선 것으로, 2001년 9월 유네스코 세계기록문화유산에 지정되었습니다. 정식 명칭은 『백운화상초록불조직지심체요절白雲和尙抄錄佛祖直指心體要節』이지만 보통 『불조직지심체요절』, 『직지심체요절』, 『직지심체』, 『직지』 등으로 불립니다.

이 책을 지은 백운화상은 호가 백운이고, 법명은 경한景閑으로 고려 충렬

백운화상이 지은 세계기록문화유산, 『직지』.

왕 24년(1298년)에 전라북도 정읍에서 태어났습니다. 충정왕 3년(1351년) 5월 백운화상은 나이 54세에 중국으로 유학을 떠나 석옥石屋선사에게서 『불조직지심체요절』 1권을 전해 받게 됩니다. 1년 뒤 귀국한 백운화상은 스승에게서 받은 『불조직지심체요절』을 연구하여 이 책의 중요한 부분을 살리고, 여기에 『선문염송禪門拈頌』과 『치문경훈緇門警訓』을 포함하여, 과거 7불佛과 인도, 중국 등 145가家의 법어를 가려 뽑아 307편에 이르는 게偈 · 송頌 · 찬讚 · 가歌 · 명銘 · 서書 · 법어法語 · 문답問答 등을 수록한 『백운화상초록불조직지심체요절』을 완성하게 됩니다. 이 책을 바로 청주 흥덕사에서 1377년에 금속활자로 찍어낸 것이지요. 여태껏 우리는 자랑스러운 우리의 세계기록문화유산 『직지』를 지은 고려시대 고승 백운화상을 모르고 지냈던 것입니다.

임금이 내린
계주서와 최치운

조선시대 화원 중에는 술에 취해야 그림을 그릴 수 있었던 사람이 많습니다. 술에 취해 눈밭에서 얼어 죽었다는 최북, 스스로 호를 '술 취한 늙은이'라 지은 취옹醉翁 김명국, 술에 취해야 그림을 그리던 오원 장승업 같은 사람들입니다. 그런데 세종 때 이조참판을 지낸 조은釣隱 최치운崔致雲은 얼마나 술을 좋아했던지 세종이 '계주서戒酒書'를 내려 절제할 것을 명했을 정도입니다. 그는 계주서 글을 벽에 걸어두고 나가고 들 때에는 꼭 이것을 바라보고 조심했지요.

실학자 하백원과 도공 우명옥은 과음을 경계하기 위해 '계영배戒盈杯'라는 술잔을 만들었습니다. 이 계영배는 전체의 70% 이상 술을 채우면 술이 모두 새어 나가게 만든 특이한 술잔입니다. 후에 이 술잔을 조선시대의 거상 임상옥이 소유하게 되었는데, 그는 계영배를 늘 옆에 두고 끝없이 솟구치는 과욕을 다스리면서 큰 재산을 모았다고 합니다.

한편 최치운은 1439년 공조참판으로 계품사啓稟使가 되어 명나라에 가서

현대에 재현한 계영배의 모습. 계영배에 술을 70% 이상 부으면 밑으로 모두 새버린다.

두만강 북쪽에 살던 야인野人들이 양민으로 경성 지역에 영주할 수 있도록 요청, 이를 관철시켰습니다. 이 공으로 밭 300결結과 노비 30구가 상으로 내려졌으나 노비는 굳이 사양하고 받지 않았지요. 그는 곧 예문관 제학이 되고, 그 뒤 여러 차례 사신이 되어 명나라를 다녀와서 외교적인 공을 세웁니다. 또 그는 "나라의 돈이 모두 백성에게서 나오는 것인데, 근년에 물난리와 가뭄이 겹쳐 굶는 사람이 많습니다"라며 가난한 백성을 구휼할 것을 상소하기도 한 사람입니다. 세종이 계주서를 내려 그를 총애한 까닭을 알 만하지 않은가요?

나라가 어려울 때
떨쳐 일어선 기생들

『성호사설星湖僿說』에서 이익李瀷은 기생이 '양수척揚水尺'에서 비롯되었다고 말합니다. 양수척은 곧 유기장柳器匠인데, 이들은 원래 소속도 없고 부역에 종사하지도 않고 떠돌이 생활을 하면서 버드나무로 키·소쿠리 등을 만들어 팔고 다녔습니다. 고려가 후백제를 칠 때 이들이 가장 다스리기 힘든 집단이었다고 하지요. 뒤에 이들이 남녀노비로서 읍적邑籍에 오를 때, 용모가 고운 여자를 골라 춤과 노래를 익히게 하여 기생을 만들었다고 합니다.

조선 말기에 이르면 이 기생이 일패一牌, 이패二牌, 삼패三牌로 나뉘게 됩니다. 일패 기생은 관기官妓를 두루 일컫는 것으로 예의범절에 밝고 몸을 내맡기는 일을 수치스럽게 여겼으며, 전통가무의 보존자이자 전승자로서 뛰어난 예술인이었습니다. 이패 기생은 '은근짜'라고 불리며 밀매음녀에 가까웠으며, 삼패 기생은 몸을 파는 매춘부였지요.

그러나 이 기생들 중에는 나라와 겨레가 어려움에 처했을 때 자신의 신분을 떠나 애국충정을 펼쳤던 의기義妓가 많았지요. 조선시대 대표적인 의기

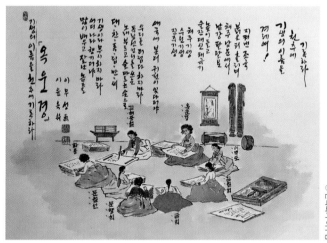

옥운경과 해주기생들은 손수 독립선언서를 쓰고 만세운동에 앞장섰다.

로 왜장을 끌어안고 남강에 떨어진 진주 기생 논개論介가 있습니다. 또 일제 강점기에는 고종이 죽었을 때 하얀 소복을 입고 대한문 앞에 엎드려 통곡했고 만세운동에 앞장섰던 수원의 김향화와 33인의 기생이 있었지요. 그밖에 안성의 변매화, 해주의 옥운경 등도 떨쳐 일어났습니다.

수양대군과 춤추는 학

어느 날 안평대군 이용 · 임영대군 이구와 더불어 향금鄕琴을 타라고 명하였는데, 세조
는 배우지 않았으나 안평대군 용이 능히 따라가지 못하니 세종과 문종이 크게 웃었다.
(……) 세조가 또 일찍이 피리笛를 부니 자리에 있던 모든 종친들이 감탄하지 않는 자가
없었고, 학鶴이 날아와 뜰 가운데에서 춤을 추니 금성대군錦城大君 이유李瑜의 나이가 바
야흐로 어렸는데도 이를 보고 홀연히 일어나 학과 마주서서 춤을 추었다.

—『세조실록』총서 세 번째 기사

어린 조카 단종의 왕위를 빼앗은 세조(1417~1468년, 재위 1455~1468년)
를 후세 사람들은 곱게 보지 않습니다. 그러나 나라를 다스리는 임금으로
본다면 업적도 적지 않았지요. 특히 세조는 훈민정음이 자리를 잡는 데 크
게 이바지했습니다. 『세조실록』 총서의 내용을 보면 원래 세조, 곧 수양대
군은 악기를 좋아하지 않고 활쏘기와 말타기를 더 좋아했습니다. 그러다 하
루는 수양대군이 무인들과 어울리다가 밤늦게 들어올 때 아버지 세종이 가
야금 타는 모습을 보고 감동을 받습니다. 수양대군은 다음 날 아버지에게

수양대군이 피리를 불자 금성대군이 학과 어울려 춤추었다.

가야금을 배우게 해달라고 합니다. 이때 세종은 안평대군, 임영대군과 함께 가야금을 타라고 했지만 배우지 않았던 수양대군이 더 잘 탔던 것입니다. 이후 수양대군은 비파와 피리 연주에도 재능을 보였지요.

　수양대군은 보위에 오른 뒤 대신들에게도 음악을 배우라고 권합니다. "음악은 고요하지만 사람의 마음을 끌어당길 수 있고, 약하지만 강폭한 사람의 마음을 제압할 수 있으며, 소리가 낮아도 함부로 범하지 못한다. 음악은 오묘한 소리 가운데 진리의 정수인 도道가 함축되어 있어 우주 만물을 변화시키고 조화롭게 한다"라고 말했습니다. 세조는 왕위 찬탈 때문에 비난을 받을 수밖에 없지만 음악을 사랑한 임금이었습니다.

주경야독 끝에
대동법을 관철한 김육

옛 역사는 보고 싶지가 않네 古史不欲觀

볼 때마다 눈물이 흐르는 걸 觀之每并淚

군자들은 반드시 고통을 당하고 君子必困厄

소인들은 득세한 자들이 많으니 小人多得志

성공할 즈음이면 문득 패망 싹트고 垂成敗忽萌

편안해질 듯하면 이미 위태함 따라오네 欲安危已至

삼대시대 이후로 오늘날까지 從來三代下

하루도 올바로 다스려진 적 없는데 不見一日治

백성들이 무슨 잘못이 있을까 生民亦何罪

저 푸른 하늘 뜻 알 수가 없네 冥漠蒼天意

지난 일도 오히려 이러하거늘 既往尚如此

하물며 오늘날의 일이겠는가 而況當時事

평택에 있는 경기도 유형문화재 제40호 대동법 시행기념비.

조선 중기 문신 잠곡潛谷 김육金堉(1580~1658년)이 지은 「관사유감觀史有感(옛 역사를 보면)」입니다. 소인들이 권세와 명예와 부를 차지하고 군자는 늘 고통을 면치 못하니 백성들이야 오죽할까 생각하지요.

김육은 1638년 충청도관찰사가 되자 대동법大同法과 균역법均役法을 시행하자고 건의하는 상소를 올렸습니다. 대동법 실시가 백성을 구제하는 방편이면서 나라 재정 확보에도 도움이 되는 시책이라 생각했던 것이지요. 처음에는 강력한 반대에 부딪혀 어려움을 겪었지만 효종 2년(1651년)에는 호서

대동법　　조선 중기·후기에 여러 가지 공물貢物을 쌀로 통일하여 바치게 한 납세 제도.

지방, 효종 9년(1658년)에는 호남 지방에도 대동법이 실시되었습니다. "호서에서 대동법을 실시하자 마을 백성들은 밭에서 춤추고 삽살개도 아전을 향해 짓지 않았다"라고 할 정도로 백성들은 대동법 시행을 반겼지만 대동미를 내야 하는 토지소유자들, 곧 양반·지주 계급은 크게 반발했습니다.

김육은 5세에 천자문을 외우고, 12세 때 『육송처사전六松處士傳』과 『귀산거부歸山居賦』를 지어 글솜씨를 뽐낸 천재소년이었습니다. 그러나 벼슬에 뜻을 두지 않고 책 읽으며 농사를 짓다가 43세

잠곡 김육 초상화. 실학박물관 소장.

에 늦깎이로 출사하여 영의정까지 올랐지요. 그의 삶 가운데 가장 눈에 띄는 부분은 '주경야독晝耕夜讀'입니다. 김육은 1613년부터 1623년 인조반정 직전까지 10년 동안, 경기도 가평의 잠곡에서 식구들과 함께 농사를 지었습니다. 처음에는 살 집이 없어 굴을 파고 서까래를 얽어 살았고, 낮에는 나무하고 저녁에는 송진으로 불을 밝혀 책을 읽었지요. 그는 주경야독하던 생활을 통해 백성들의 밑바닥 삶을 몸소 체험하게 됩니다. 김육은 불의와 타

협하지 않으려는 강직한 인물이었으며, 개혁적인 정치가로서 치적이 많았습니다. 또 헛된 논리에 매몰된 당시 사대부와는 달리, 백성의 삶에 도움이 되는 정책을 제안했지요. 『구황촬요救荒撮要』, 『벽온방僻瘟方』 같은 백성의 굶주림과 질병에 관한 책을 펴냈으며, 은광 개발, 동전 사용의 확대, 수차 보급 등을 주장했습니다. 그런 그가 죽자 효종은 "김육처럼 확고하며 흔들리지 않고 국사를 담당할 사람을 어떻게 얻을 수 있겠는가"라고 했지요. 직접 농사를 지은 경험을 바탕으로 백성을 위한 정책을 고집스럽게 펼쳤던 김육 같은 사람을 지금은 찾아보기 어렵습니다.

제8장

한시

얼레빗을 하늘에 걸어

_황진이, 「영반월」

그 누가 곤륜산의 옥을 잘라서 誰斷崑山玉

직녀의 얼레빗을 만들어주었던고 裁成織女梳

견우님 떠나신 뒤에 오지를 않아 牽牛離別後

수심이 깊어 푸른 하늘에 걸어 놓았네 愁擲碧空虛

황진이가 지은 「영반월詠半月(반달을 노래함)」이라는 한시입니다. 하늘에 걸린 반달을 보고 직녀가 견우를 기다리다 지쳐 얼레빗을 하늘에 걸어놓았다고 하네요. 황진이, 신사임당과 더불어 조선 3대 여류시인으로 꼽히는 강정일당姜靜一堂도 가을을 노래합니다.

어느덧 나무마다 가을빛인데 萬木迎秋氣

석양에 어지러운 매미 소리들 蟬聲亂夕陽

제철이 다하는 게 슬퍼서인가 沈吟感物性

황진이는 임을 그리다 얼레빗을 하늘에 걸어두었다.

쓸쓸한 숲속을 혼자 헤맸네 林下獨彷徨

이 한시는 강정일당의 「청추선聽秋蟬(가을 매미 소리)」입니다. 황진이는 임을 기다리기나 하지만, 강정일당은 그저 쓸쓸한 숲속을 혼자 헤맵니다. 기다릴 임도 없는 처지인가 봅니다. 강정일당에 견주면 황진이는 임이 있어 얼마나 행복할까요? 귀뚜라미가 애간장을 끊으러 왔다는 가을에는 차라리 귀마개를 하고 있어야 할까 봅니다.

시내에 물 불고 봄빛이 사립문에 가득하네

_백광훈, 「계당우후」

어젯밤 산속에 비가 내렸으니 昨夜山中雨

앞 시내 지금 물이 불었으리라 前溪水政肥

대숲 집 그윽한 봄꿈 깨어나니 竹堂幽夢罷

봄빛이 사립문에 가득하구나 春色滿柴扉

선조 때 삼당시인三唐詩人으로 이름났던 백광훈白光勳의 「계당우후溪堂雨後」입니다. 산에 봄비가 와서 물이 불어났고, 비가 그치자 사립문 앞에 봄빛이 완연하다는 내용이지요. 이렇게 이른 봄을 노래한 한시로 윤휴尹鑴의 「만흥漫興」도 시도 있습니다.

말을 타고 유유히 가다서다 하노라니 騎馬悠悠行不行

삼당시인   조선 선조 때의 세 시인 백광훈·최경창·이달을 말함. 당시唐時를 주로 하는 시인들이어서 삼당시인이라고 불렀다.

백광훈과 윤휴는 한시로 봄을 노래했다. 이른 봄의 정경

돌다리 남쪽 가에 작은 시내 맑기도 하다 石橋南畔小溪淸

그대에게 묻노니 봄 구경 언제가 좋은가 問君何處尋春好

꽃은 피지 않고 풀이 돋으려 할 때이지 花未開時草欲生

　말을 타고 맑은 시내 주변에 펼쳐진 이른 봄의 경치를 느릿느릿 즐기다
가, 풀이 막 돋는 때가 봄 경치 가운데 가장 좋다고 중얼거리는 내용입니
다. 흔히들 봄꽃이 활짝 피고 날씨도 화창한 때가 더 좋다고 생각하지만, 자
연과 교감할 줄 아는 윤휴의 눈에는 꽃이 피기 전 풀이 조금씩 돋아날 때가
좋은 것이지요. 이 시를 쓸 때 윤휴가 25세였음을 생각하면 그는 너무 일찍
세상을 안 것인가요?

소 타는 것이 이리 즐거울 줄이야

_양팽손, 「우음」

소 타는 것이 이리 즐거울 줄은 몰랐는데 不識騎牛好

나 다닐 말이 없는 까닭에 이제야 알았네 今因無馬知

해거름 저녁 무렵 풀 향기 가득한 들길 夕陽芳草路

나른한 봄날 저무는 해도 함께 느릿느릿 春日共遲遲

조선 중기의 문신 학포學圃 양팽손梁彭孫이 지은 「우음偶吟(그냥 한번 읊어보
다)」이라는 한시입니다. 관직에서 물러나 낙향한 뒤 유유자적한 모습을 묘
사한 전원시지요. 저 멀리 마을에서는 밥 짓는 연기가 모락모락 피어오르
고, 땅거미를 타고 풀 향기가 솔솔 올라오는 들길을 소를 타고 가로지르는
모습은 마치 한 폭의 신선도 같은 느낌을 줍니다.

양팽손은 조광조趙光祖 등과 함께 1510년 생원시에 합격했습니다. 1519년
교리校理 자리에 있을 때 기묘사화己卯士禍가 일어났는데, 그는 조광조를 위
하여 연명連名 상소를 올렸다가 삭탈관직되어 고향인 능주로 내려왔지요.

조광조 역시 능주로 유배를 오자 그와 더불어 책을 읽었고, 조광조가 죽자 시신을 수습하기도 했습니다.

양팽손은 글씨를 잘 썼고 문장文章과 서화書畵에 뛰어났으며 윤두서, 허련許鍊 등과 함께 호남의 대표적인 문인화가로 꼽힙니다. 조광조는 일찍이 그를 두고 "학포와 얘기하면 마치 지초나 난초의 향기가 풍기는 것 같다. 비개인 뒤의 가을 하늘이요, 얇은 구름이 걷힌 뒤의 밝은 달이라. 세속의 욕망이 깨끗하게 없어져 버린 사람이다"라고 말했습니다. 어지러운 사화士禍 속에서 자신의 입장과 철학을 지키다가 난초의 청아한 모습처럼 살다 간 양팽손. 그의 시 「우음」을 다시 음미하면서, 저녁 무렵 소를 타고 풀 내음을 맡을 줄 아는 여유를 그려봅니다.

양팽손은 호남의 대표적인 문인화가로 조광조와 절친했다. 양팽손의 〈산수도〉. 국립중앙박물관 소장.

마음을 비우고 솔바람 소리 들을까?

_홍세태, 「우음」

시비를 겪고 나서 몸은 지쳤고 是非閱來身俗

영욕을 버린 뒤라 마음은 비었다 榮辱遣後心空

사람 없는 맑은 밤 문 닫고 누우니 閉户無人清夜

들려오는 저 시냇가 솔바람 소리 臥聽溪上松風

조선 후기 시인 홍세태洪世泰의 한시 「우음偶吟(그냥 한번 읊어보다)」입니다. 홍세태는 5세에 책을 읽을 줄 알았고, 7~8세에는 이미 글을 지었습니다. 그런데 아버지는 무관이었지만 어머니가 종이었기 때문에 그도 종모법從母法에 따라 종이 되어야 했습니다. 그러나 똑똑한 홍세태를 본 사람들이 돈을 모아 속량贖良시켜 주었다고 합니다.

홍세태는 속량만 되었지 중인 신분이었기 때문에 과거를 보고 벼슬에 나갈 수가 없었지요. 어릴 때 이미 자신의 처지를 알았던 홍세태는 시로 이름을 떨치려 마음먹었습니다. 그는 김창협, 김창흡, 이규명 같은 유명한 문인

사대부와 절친하게 지내는 것은 물론 많은 중인과 교류했지요. 홍세태는 역과에 급제한 뒤에 통신사를 따라 일본에 가서 크게 이름을 떨쳤습니다. 일본인들은 그의 시와 글씨를 얻기 위해 구름처럼 몰려다녔고, 그의 초상화를 가보처럼 여기는 사람도 있었다고 하지요.

홍세태가 지은 「염곡칠가鹽谷七歌」에는 당시 백성들의 비천한 삶을 가슴 아파하는 내용도 보입니다. 그는 재물을 모으는 데 관심이 없었고, 평생을 가난 속에서 시를 지으면서 살았습니다. 자식은 8남 2녀를 낳았으나 모두 일찍 죽었기 때문에 불행한 일생을 보냈지요. 그러나 홍세태는 『해동유주海

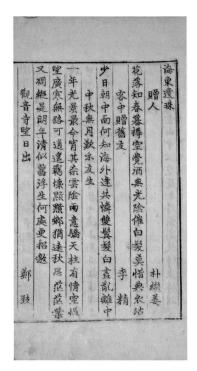

홍세태는 위항문학 발달에 구심점 역할을 했다. 홍세태가 펴낸 시집 『해동유주』.

속량   몸값을 받고 노비의 신분을 풀어 주어 양민이 되게 하는 일.
위항문학   중인, 서얼 출신들에 의해 이루어진 문학.

東遺珠』라는 시집을 펴내 위항문학委巷文學 발달에 구심점 역할을 했습니다. 살다 보면 영욕을 버리고 마음을 비우기가 쉽지 않은데 그런 점에서 홍세태의 삶은 오늘날 우리에게 큰 가르침을 주고 있습니다.

띠풀 집에 밝은 달 맑은 바람이 벗이어라

_길재, 「한거」

시냇가 띠풀 집에 한가히 지내노라니 臨溪茅屋獨閑居

달은 밝고 바람은 맑아 흥취가 가득하네 月白風淸興有餘

손님이 오지 않으니 산새가 찾아와 지저귀는데 外客不來山鳥語

대나무 밭에 평상을 옮겨놓고 누워서 책을 보네 移床竹塢臥看書

고려 말 충신인 야은冶隱 길재吉再의 한시 「한거閑居(한가히 지내다)」입니다. 그는 새 왕조인 조선에 벼슬하지 않고 금오산金烏山에 은둔하여 후학 양성에만 몰두했지요. 고려 조정에서 벼슬을 했던 그는 조선 왕조에서 부귀공명을 누리는 것이 욕되다고 생각했던 것입니다.

길재는 시냇가에 띠풀로 이은 집을 짓고 조용히 삽니다. 이 집에는 손님이 찾아오지 않지만 밝은 달과 맑은 바람이 벗이 되지요. 그뿐만 아니라 산새까지 곁을 지키니 이보다 더한 즐거움은 없습니다. 길재는 한술 더 떠서 평상을 대나무 그늘로 옮겨놓고 누워서 달빛에 책을 봅니다. 벼슬을 탐하는 속세의 사람들로서는 도저히 이해할 수 없는 삶에서 은자의 낙을 한껏 누린 것입니다.

길재는 영달에 뜻을 두지 않고 성리학 연구에만 몰두했기에 그를 본받고 가르침을 얻으려는 학자가 줄을 이었습니다. 김종직金宗直, 김굉필金宏弼, 정여창鄭汝昌, 조광조 같은 대학자가 그의 학맥을 이었지요. 충청남도 금산에는 조선 숙종 4년 (1678년)에 길재의 절개를 추모하기 위해 창건한 청풍서원淸風書院이 있습니다. 지금도 벼슬 하나 얻으려고 쓸개도 간도 버리는 사람들이 많은데 야은 길재의 삶은 우리에게 큰 가르침을 던집니다.

길재는 영달에 뜻을 두지 않고 성리학 연구에만 몰두했기에 그를 본받고 가르침을 얻으려는 학자가 줄을 이었다. 야은 길재가 썼다고 전해지는 글씨. 국립중앙박물관 소장.

누에 치는 아낙은 비단옷 입지 못하니

_이산해, 「잠부」

누에를 친들 무슨 이익 있으랴 養蠶有何利

자기 몸엔 비단옷 입지 못하니 不見身上衣

가엾어라 저 이웃집 아낙은 堪憐隣舍女

날마다 뽕잎 따서 돌아오는구나 日日摘桑歸

조선 선조 대에 영의정을 지낸 문신 아계鵝溪 이산해李山海가 쓴 「잠부蠶婦」 곧 '누에 치는 아낙'이라는 제목의 한시입니다. 조선시대 왕실에서는 사람에게 처음으로 누에 치는 법을 가르친 서릉씨西陵氏에게 제사를 지내고, 제사 뒤에는 왕비가 직접 뽕잎을 따는 모범을 보였습니다. 이러한 국가의례를 '선잠제先蠶祭' 또는 '친잠례親蠶禮'라 불렀지요. 그만큼 누에를 쳐서 실을 뽑고 옷감(비단)을 짜는 일은 매우 중요했습니다.

그런데 이렇게 중요한 옷감을 짜는 여성들은 정작 비단옷을 입지 못했지요. 이산해는 이를 안타깝게 여기고, 끊임없이 뽕잎을 따고 누에를 치는 아낙의 눈으로 세상의 부조리를 고발하고 있습니다. 지은이를 모르는 또 다른 「누에 치는 아낙」이라는 한시도 역시 같은 정서를 노래합니다.

어제는 고을에 갔었는데 昨日到城郭

돌아올 적엔 눈물 흠뻑 흘렸네 歸來淚滿巾

온 몸에 비단을 감고 있는 사람은 遍身綺羅者

아무도 누에 치는 사람들이 아니었네 不是養蠶人

이산해는 끊임없이 뽕잎을 따고 누에를 치면서도 정작 비단옷을 입지 못하는 이들에 대한 안타까움을 시로 표현했다. 국립중앙박물관에 소장된 아계 이산해의 초상.

해를 가린 뜬구름 쓸어갈 싹쓸바람은?

_권근, 「중추」

가을바람과 옥 같은 이슬이 은하를 씻은 듯 秋風玉露洗銀河

달빛은 예부터 이런 밤이 좋았다 月色由來此夜多

슬프게도 뜬구름이 해를 가려버리니 惆悵浮雲能蔽日

술잔을 멈추고 한 번 묻노니, 어쩌자는 것인가 停杯一問欲如何

고려 말 조선 초의 문신이자 학자인 양촌陽村 권근權近의 한시 「중추仲秋」
입니다. 권근은 조선 개국 후 '사병 폐지'를 주장하여 왕권 확립에 큰 공을
세웠습니다. 대사성, 세자좌빈객 등을 역임하고 길창부원군에 봉해졌지요.
문장에 뛰어났고, 경학에 밝았으며, 저서에는 『입학도설入學圖說』, 『양촌집陽
村集』, 『사서오경구결四書五經口訣』, 『동현사략東賢事略』 따위가 있습니다.

시에서는 슬프게도 뜬구름이 해를 가려버립니다. 해는 임금을 가리키고
뜬구름은 임금 곁에서 임금의 눈을 흐리는 간신배를 말하지요. 권근은 술을
마시다 멈추고 묻습니다. 임금의 눈을 흐려서 나라가 망하면 어쩔 거냐고

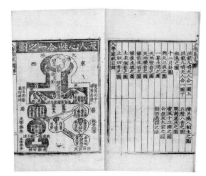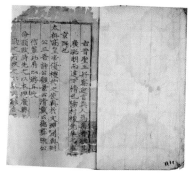

권근의 『입학도설入學圖說』(왼쪽)과 보물 제1090호 『응제시주應制詩註』. 국립중앙박물관 소장.

말입니다. 만일 싹쓸바람이 있다면 뜬구름을 확 쓸어가겠지요. '싹쓸바람'은 풍속이 초속 32.7m 이상이고 육지의 모든 것을 쓸어갈 만큼 피해가 아주 격심한 바람을 뜻하는 토박이말입니다.

고운 향기 거두어 이끼 속에 감추다

_정온, 「절매식호중」

매화야 가지 꺾였다고 상심치 말아라 寒梅莫恨短枝摧

나도 흘러흘러 바다를 건너 왔단다 我亦飄飄越海來

깨끗한 건 예로부터 꺾인 일 많았으니 皎潔從前多見折

고운 향기 거두어 이끼 속에 감춰두렴 只收香艶隱蒼苔

　　조선 중기의 문신인 동계桐溪 정온鄭蘊이 지은 한시 「절매식호중折梅植壺中
(매화가지 하나 꺾어 병에 꽂고)」입니다. 정온은 부사직副司直으로 있던 1614년
영창대군이 죽었을 때, 그의 처형이 부당하며 영창대군을 죽인 강화부사 정
항鄭沆을 참수斬首해야 한다고 상소를 올렸지요. 그러자 광해군은 크게 분노
했고, 결국 정온은 제주도의 대정현大靜縣에 위리안치圍籬安置되고 말았습니
다. 반정으로 인조가 보위에 오른 뒤 사자使者가 정온을 찾아가서 그 사실을

위리안치　　유배된 죄인이 거처하는 집 둘레에 가시로 울타리를 치고 그 안에 가두는 것.

설중매雪中梅

말하고 고난을 위로하면서 "왜 당장 가시울타리를 철거하고 하루라도 편하
게 지내지 않소?"라고 묻자, 그는 "아직 명을 받지 못했소"라며 거절했다고
하지요. 그 뒤 임금의 명을 받고서야 가시울타리 밖으로 나올 만큼 철저한
사람이었습니다.

미수眉叟 허목許穆이 지은 「동계선생행장桐溪先生行狀」에서도 그의 품성을
엿볼 수 있습니다.

공은 유배생활 중에도 마음을 다지고 행실을 가다듬기 위해 노력하였다. 정온과 함께 제
주도로 유배를 갔던 사람 중 송상인은 바둑을 두고 이익은 거문고를 배워 유배생활의

괴로움을 달래었지만 정온은 언제나 글을 읽었다. 경사를 고증하여 지난날의 명언을 뽑아서 『덕변록德辨錄』을 지어 자신을 반성했다.

이 한시도 강직하고 곧은 성품으로 인하여 귀양살이를 하게 된 자신과 매화의 고결함을 서로 견주어 지은 것이지요. 지금 정온 선생이 그리운 것은 왜일까요?

고려시대 기생 동인홍의 절개
_동인홍, 「자서」

기생집의 여인과 양갓집 여인에게 倡女女良家

그 마음 어찌 다른지 물어볼거나 其心問幾何

가련치만, 지켜가는 이내 절개는 可憐栢舟節

하늘에 맹세코 죽는대도 딴 뜻 없다네 自誓死靡他

고려시대 팽원彭原(지금의 평안남도 안주)의 기생 동인홍動人紅이 지은 「자서 自敍(스스로 읊다)」입니다. 비록 남들이 천하게 보는 기생이지만 절개를 지키려는 마음은 양갓집 여인네와 다름이 없다는 뜻을 "하늘에 맹세코 죽는대도 딴 뜻 없다네"라는 구절이 잘 드러내고 있지요. 정절을 지키려는 마음에는 신분의 차이는 없는데도, 세상은 그렇게 봐주지 않습니다.

여기서 '동인홍動人紅'이라는 이름은 사람의 얼굴을 벌겋게 만든다는 뜻을 품고 있습니다. 허튼짓을 하는 엉뚱한 사내들의 얼굴을 부끄럽게 만들 만큼 절개를 지키는 동인홍에게는 아무도 범접하지 못합니다. 자기가 한 말을 밥

고려시대 기생 동인홍은 절개를 지켰다.

먹듯 뒤집는 사람도 많고, 아무 변명도 없이 자신의 가던 길을 헌신짝 버리듯 변절하는 사람이 부지기수인 요즘, 동인홍은 따끔한 충고를 하고 있습니다.

얼음 먹는 벼슬아치, 얼음 뜨던 백성 몰라

_김창협, 「착빙행」

고대광실 오뉴월 푹푹 찌는 여름날에 高堂六月盛炎蒸

여인의 섬섬옥수 맑은 얼음 내어오네 美人素手傳淸氷

칼로 그 얼음 깨 자리에 두루 돌리니 鸞刀擊碎四座徧

멀건 대낮에 하얀 안개가 피어나네 空裏白日流素霰

왁자지껄 떠드는 이들 더위를 모르니 滿堂歡樂不知暑

얼음 뜨는 그 고생을 그 누가 알아주리 誰言鑿氷此勞苦

그대는 못 보았나? 君不見

길가에 더위 먹고 죽어 뒹구는 백성들이 道傍暍死民

지난겨울 강 위에서 얼음 뜨던 자들이란 걸 多是江中鑿氷人

조선 후기 문신 김창협金昌協의 「착빙행鑿氷行(얼음 뜨러 가는 길)」입니다. 냉장고가 없던 조선시대에는 얼음으로 음식이 상하는 것을 막았지요. 한겨울 장빙군藏氷軍이 한강에서 얼음을 떠 동빙고와 서빙고로 날랐는데, 이들은 짧

한강에서 얼음을 뜨던 백성들을 장빙군이라고 했다.

은 옷에 맨발인 자들도 있었다고 전합니다. 그렇게 저장된 얼음은 한여름 궁궐의 임금과 높은 벼슬아치들 차지였지요. 그들은 얼음을 입에 넣고 찌는 듯한 여름에도 더위를 모른 채 살아갑니다. 그러나 이때 길가에는 굶주리고 병들고 더위를 먹어서 죽은 백성들의 주검이 나뒹굽니다. 죽은 백성이 지난 겨울 맨발로 얼음을 뜨던 백성이었음을 임금과 벼슬아치들은 알지도 못하고 관심도 없다고 시인은 고발하고 있지요.

　김창협은 숙종 때 대사성 등을 지냈으나, 기사환국己巳換局 때 아버지가 사약을 받고 죽은 뒤 관직을 사양하고 숨어 살았습니다. 그는 문학과 유학의 대가로 이름이 높았지요.

평생 하늘에 부끄럼 없고자 했네

_이현일,「병중서회」

덧없는 인간세상 草草人間世

어느덧 나이 팔십이라 居然八十年

평생에 한 일 무엇이뇨 生平何所事

하늘에 부끄럼 없고자 한 것이네 要不愧皇天

갈암葛庵 이현일李玄逸이 쓴 「병중서회病中書懷(병중에 회포를 적다)」라는 한 시입니다. 1704년 이현일이 세상을 뜨기 두 달 전에 지은 것으로, 글쓰기를 마감한 절필시絶筆詩지요.

그는 죽음이 가까워오자 평생을 뒤돌아보면서 '하늘에 부끄럼 없고자 최선을 다했음'을 고백합니다. 높은 벼슬이나 재산을 탐하지 않았던 이현일의 인품이 그대로 드러난 시입니다.

이현일이 태어나기 전 임진왜란 때, 두사충杜師忠이라는 중국인이 조선에 왔다가 그의 집을 보고 "자색 기운이 1장이나 뻗어 있으니 저 집에 틀림없

갈암 이현일은 평생 부끄럼 없이 살고자 했다.

이 뛰어난 인물이 태어날 것이다"라고 했다지요. 이현일은 올곧은 선비로
인현왕후 폐위의 부당함을 상소하여 7년에 걸친 유배생활을 하기도 했습
니다.

율곡이 칭송한 '백세의 스승'

_김시습. 「산거집구」

천산과 만산을 돌아다니고 踏破千山與滿山

골짝 문을 굳게 닫고 흰구름으로 잠갔다 洞門牢鎖白雲關

많은 소나무로 고개 위에 한 칸 집 지으니 萬松嶺上間屋

승려와 흰 구름 서로 보며 한가하다 僧與白雲相對閑

매월당梅月堂 김시습金時習이 쓴 한시 「산거집구山居集句」입니다. '집구集句'란 이 사람 저 사람의 시에서 한 구절씩 따와 새로운 시를 짓는 것으로, 운자韻字도 맞아야 하기 때문에 완전한 창작 이상의 예술혼이 담긴 작품이지요. 이 작품에는 떠돌이 삶을 산 자신의 모습과 머리를 깎고 승려가 된 처지를 엿볼 수 있습니다. "골짝 문을 굳게 닫고 흰구름으로 잠갔다"라든가 "승려와 흰 구름 서로 보며 한가하다"라는 시구에서는 김시습이 뛰어난 시심을 지녔음을 알 수 있습니다.

우리나라 최초의 한문소설 『금오신화金鰲新話』의 작가인 김시습은 세조에게 밀려난 단종에 대한 신의를 끝까지 지키며 벼슬길에 나가지 않고 자연에 은거한 생육신生六臣의 한 사람이지요. 또 이긍익李肯翊의 『연려실기술燃藜室記述』에 따르면 그는 단종 복위를 꾀하다 죽임을 당한 사육신死六臣의 주검을 거두었습니다. 서슬이 퍼런 세조의 위세에 아무도 나서지 않을 때, 김시습이 주검을 하나하나 바랑에 담아 한강 건너 노량진에 묻었다고 합니다. 그는 이렇게 배운 것을 철저히 실천에 옮기는 지식인이었습니다. 그 결과 훗날 율곡 이이로부터 '백세의 스승'이라는 칭송을 들었지요.

보물 제1497호 〈김시습 초상〉, 부여 무량사 소장.

여종 신분으로 한시 166수를 남기다

_설죽, 「낭군거후」

낭군님 떠난 뒤에 소식마저 끊겼는데 郎君去後音塵絕

봄날 청루에서 홀로 잠들어요 獨宿青樓芳草節

촛불 꺼진 창가에서 끝없이 눈물을 흘리는 밤 燭盡紗窓無限啼

두견새 울고 배꽃도 떨어지네요 杜鵑唲落梨花月

조선시대 천한 신분의 여종 설죽雪竹이 남긴 「낭군거후郎君去後」라는 한시입니다. 선비들이 설죽의 실력을 알아보려고 '만일 자신의 낭군이 죽었다고 치고 시를 한 수 지어 보라'는 말에 지은 시라고 전해집니다. 한다하던 선비들이 모두 설죽의 시를 듣고 감탄했다는 후일담이 있을 만큼, 설죽은 명시를 지어 남성들의 마음을 흔들어 놓았지요. 이렇게 설죽이 지은 시는 조선 중기의 시인 권상원權商遠 시집 『백운자시고白雲子詩稿』 끝 부분에 모두 166수가 필사되어 우리에게 전해집니다. 조선시대 여류시인이 지은 시를 모두 합하면 약 2,000수인데, 이 가운데 10% 가까이를 설죽이 지은 것입니다.

설죽은 그만큼 양적으로나 질적으로 뛰어난 시를 지은 인물로 꼽힙니다.

설죽은 원래 조선 중기의 학자 권래權來의 여종이었는데, 어려서부터 벽을 사이에 둔 채 시문을 공부하는 소리를 듣고 그 글의 뜻을 풀었습니다. 마침내 글에 능하고 시를 잘 짓게 되자 당시 사람들은 설죽을 중국 후한의 대표적 유학자였던 강성康成 정현鄭玄의 비婢에 견주었습니다. 우리는 조선시대 여류 시인으로 흔히 허난설헌과 황진이, 신사임당 등을 꼽지만 이들 말고도 기생 매창과 여종 설죽이 있었다는 사실을 기억하면 좋겠습니다.

홀로 눈물 흘리며 잠드는 밤, 밖에서는 배꽃이 떨어집니다.

겨울 눈과 봄의 꽃은 모두 참이 아니다

_한용운, 「견앵화유감」

지난겨울 꽃 같던 눈 昨冬雪如花

올 봄 눈 같은 꽃 今春花如雪

눈도 꽃도 참이 아닌 것을 雪花共非眞

어찌하여 마음은 미어지려 하는가 如何心欲裂

만해萬海 한용운韓龍雲이 옥중에서 쓴 「견앵화유감見櫻花有感(벚꽃을 보고)」
입니다. 그렇습니다. 겨울에는 눈이 꽃 같았고, 봄에는 꽃이 눈인 듯합니다.
눈도 꽃도 변하지 않는 진리는 아닙니다. 우리는 그것을 번연히 알면서도
눈과 꽃에 마음을 빼앗기지요. 한용운 같은 위대한 선각자도 눈과 꽃을 보
고 마음이 흔들리는데 중생이야 어쩌겠습니까?

　일제강점기 소설 『임꺽정』을 쓴 벽초 홍명희는 "만해 한 사람 아는 것이
다른 사람 만 명을 아는 것보다 낫다"라고 했으며, 일제강점기 큰스님 만공
선사는 "이 나라에 사람이 하나 반밖에 없는데 그 하나가 만해"라고 했다고

매화가 마치 눈인 듯하다. 전기田琦의 〈매화서옥도梅花書屋圖〉, 국립중앙박물관 소장.

하지요. 한용운은 그토록 가까웠던 최린, 최남선, 이광수 등을 '친일파'라며 상종조차 하지 않았고, 감옥에서 일부 민족대표가 사형당할 것을 두려워하자 "목숨이 그토록 아까우냐?"라며 호통을 쳤습니다. 지금 만해 한용운 선생처럼 세상을 향해 크게 꾸짖을 어른을 기다립니다.

명기 매창의 아름다운 한시

_매창, 「청계」

아름다운 뜰에 배꽃은 피고 두견새 우는 밤이어라 瓊苑梨花杜鵑啼

뜰에 가득 쏟아지는 달빛은 처량하기만 하구나 滿庭蟾影更凄凄

그리운 님 꿈에서나 만나볼까 했지만 잠마저 오지 않고 想思欲夢還無寐

매화 핀 창가에 기대서니 새벽닭 우는 소리만 들리누나 起倚梅窓聽五鷄

황진이, 허난설헌과 함께 조선 3대 여류시인의 하나로도 불리는 매창梅窓이 지은 「청계聽鷄」곧 '닭 울음소리를 들으며'라는 시입니다. 달빛이 가득 쏟아지는 봄밤, 꿈속에서나마 님을 만나보려 했지만 잠은 안 오고 매화 핀 창가에 기대서니 새벽 닭 울음소리만 처량합니다. 시인 유희경과의 가슴 시린 사랑이 매창의 시 한 편에 잘 표현되고 있습니다.

매창은 전라북도 부안의 명기名妓로 시와 가무에 능했습니다. 한시 70여 수와 시조 1수를 남겼으며 정절의 여인으로 부안 지방에서 400여 년 동안 사랑을 받아왔지요. 매창은 천민 출신으로 뛰어난 시인이었던 유희경과의

매화 핀 창에 기대서니 새벽닭 우는 소리만 들리누나.

가슴 시린 사랑은 물론 허균과의 우정으로도 유명합니다. 전라북도 부안군 부안읍 서외리에 매창 무덤(전라북도 기념물 제65호)과 매창 공원이 있지요. 배꽃 피고 두견새 우는 봄, 매창의 한시를 한번 읊어볼까요?

천만 길의 큰 빗으로 탐관오리를 쓸어버려야

_유몽인, 「영소」

얼레빗으로 빗고 나서 참빗으로 빗으니 木梳梳了竹梳梳

얽힌 머리털에서 이가 빠져 나오네 亂髮初分蝨自除.

어쩌면 천만 길의 큰 빗을 장만하여 安得大梳千萬尺

만백성의 이들을 쓸어버릴 수 있을까 一歸黔首蝨無餘

　　조선 중기의 문신이며 설화 문학가로 설화집 『어우야담於于野譚』을 쓴 유
몽인柳夢寅의 「영소詠梳(얼레빗으로 빗고 나서)」라는 한시입니다. 얼레빗은 빗
살이 굵고 성긴 큰 빗으로 반달 모양으로 생겨서 '월소月梳'라고도 하지요.
또 참빗은 빗살이 매우 촘촘한 빗으로 얼레빗으로 머리를 대강 정리한 뒤
보다 가지런히 정리하거나 비듬, 이 따위를 빼내기 위해 썼습니다.

　　이 시에서 재미난 것은 백성들을 괴롭히는 탐관오리를 이蝨에 비유하여
읊은 것입니다. 권력에 기생하여 위로 아부하고 아래로 군림하여, 백성의
고혈을 빠는 간악한 관리를 '슬관蝨官'이라고 하지요. 참빗으로 이를 가려

유몽인은 참빗으로 이를 가려 뽑듯 슬관(람관오리)을 없애야 백성이 편히 살 수 있다고 생각했다. 국립민속박물관에 소장된 얼레빗과 참빗.

뽑듯 이런 슬관을 철저히 가려 없애버려야 백성이 편히 살 수 있음을 해학적으로 표현한 풍자시입니다. 유몽인은 문장가 · 외교가로 이름을 떨쳤으며 전서篆書 · 예서隸書 · 해서楷書 · 초서草書에 모두 뛰어났지요. 정조 때 시호를 받고 이조판서로 추증되었습니다.

봄은 보이는 것 밖에 있다네

_이서구, 「유춘동」

숲 속에는 향기가 끊이지 않고 林華香不斷

뜰 풀은 새롭게 푸르름이 더해지지만 庭草綠新滋

보이는 것 밖에 언제나 있는 봄은 物外春長在

오직 고요한 사람이라야 알 수가 있지 惟應靜者知

조선 후기 박제가朴齊家, 이덕무李德懋, 유득공柳得恭과 더불어 '사가시인四家詩人'으로 불린 척재惕齋 이서구李書九의 한시 「유춘동留春洞(봄이 머무는 마을)」입니다. 숲은 온갖 꽃이 흐드러져 한 폭의 수채화인 듯합니다. 꽃보라 속에서 꽃멀미도 한창일 때고요. 그러나 이서구는 보이는 것 밖에 언제나 있는 봄도 있다고 합니다. 다만 그 봄은 오직 고요한 사람이라야 알 수가 있다고 하지요. 그 봄을 만나기 위해 스스로 고요한 사람이 되도록 해야 한다고 말합니다.

이서구는 어려서 어머니를 잃은 외로움 탓에 벼슬보다는 숨어서 살기를

보이는 것 밖에 언제나 있는 봄은 고요한 사람이라야 알 수 있다.

즐겼습니다. 더구나 아들이 없이 늙어가고 벼슬한 일을 평생의 애석한 일로 여겼지요. 이서구의 시는 그의 개인적 성향 탓에 부드럽고 사람 냄새가 나는 것은 물론 사색적이라는 평가를 받고 있습니다. 또한 조용한 마음으로 사물을 바라보면서 담담하게 정신세계를 표현하는 특징이 있습니다. 화려한 봄꽃 사이에 자칫 잊기 쉬운 '보이는 것 밖의 봄'을 생각해보는 것도 의미가 있을 것입니다.

대자리에서 방구부채를 부치다

_기대승, 「하경」

내 평상에 자리 깔고 편한 대로 누웠더니 蒲席筠床隨意臥

쳐놓은 발 사이로 실바람이 솔솔 불어 虛鈴疎箔度微風

방구부채 살살 흔드니 바람 더욱 시원해 圓圓更有生凉手

푹푹 찌는 더위도 오늘 밤엔 사라지네 頓覺炎蒸一夜空

고봉高峰 기대승奇大升의 「하경夏景(여름날 정경)」입니다. 옛 선비들의 여름
나기를 잘 보여주고 있습니다. 지금이야 에어컨 바람과 함께, 또는 바닷가
모래사장에서 여름나기를 하지만 고봉은 그저 평상에 왕골대자리를 깔고
방구부채를 부칠 뿐입니다.

기대승은 어려서부터 독학하여 고전에 능통했습니다. 나이가 26세나 위
인 퇴계 이황과 '사단칠정四端七情'을 주제로 8년 동안이나 편지를 주고받았
는데, 후세 유학자들 가운데 이를 말하지 않은 이가 없었지요. 이황이 선조
에게 기대승은 "널리 알고 조예가 깊어 그와 같은 사람은 보기 드무니 이

기대승 (奇大升)
1527 (중종22) ~ 1572 (선조5)

방구부채

ⓒ한국화가 이무성

큰 유학자 기대승은 돗자리 위에서 방구부채를 부치며
여름을 보냈다.

사람을 통유通儒라 이를 수 있을 것입니다"라고 했을 정도입니다. 여름에는
대자리 위에서 부채를 부치면서 책을 읽는 여름나기로 고봉 기대승의 흉내
를 내보면 어떨까요?

방구부채　　부채살에 비단 또는 종이를 붙여 만든 둥근 모양 부채.
통유　　　　세상사에 통달하고 실행력이 있는 유학자.

주인은 어찌하여 또 채찍을 휘두르나

_인목왕후, 「칠언시」

늙은 소 논밭갈이 힘쓴 지 이미 여러 해 老牛用力已多年

목 부러지고 살갗 헐었어도 잠만 잘 수 있다면 좋으리 領破皮穿只愛眠

쟁기질, 써레질도 끝나고 봄비도 넉넉한데 犁耙已休春雨足

주인은 어찌하여 또 채찍을 휘두르나 主人何苦又加鞭

선조宣祖의 계비繼妃인 인목왕후仁穆王后가 큰 글자로 쓴 칠언시七言詩입니다. 크기는 세로 110cm, 가로 50cm이고 종이에 쓴 것으로 근대에 족자로 만들어졌는데, 경기도 안성시 죽산면에 있는 칠장사七長寺에 소장되어 있지요. 광해군 5년(1613년) 영창대군永昌大君을 추대하려 했다는 공격을 받아 사약을 받고 죽은 아버지 김제남과 아들 영창대군을 위해 인목왕후가 칠장사를 원당願堂으로 삼아 중건하면서 쓴 글이지요.

원당 　죽은 사람의 명복을 빌던 법당.

시에서 인목왕후는 이이첨 등 대북파에 시달리는 자신을 '늙은 소'에 견주고 광해군을 그 늙은 소에 채찍을 휘두르는 '주인'에 비유했습니다. 그러나 이 시의 의미를 곰곰 살펴보면 현대에도 그대로 적용할 수 있습니다. 기업에 오랫동안 몸을 담고 일을 한 노동자는 그저 편하게 살 수만 있으면 좋으련만 해고의 채찍을 휘두른다는 뜻으로도 이해할 수 있겠습니다.

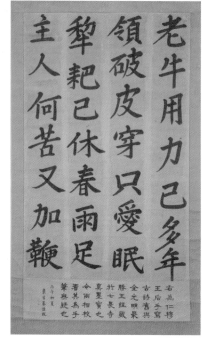

보물 제1627호 〈인목왕후 어필 칠언시仁穆王后 御筆 七言詩〉, 칠장사 소장.

비 오는 가을밤에

_최치원, 「추야우중」

가을바람 쓸쓸하고 애처로운데 秋風惟苦吟

세상에는 알아줄 이 별반 없구나 舉世少知音

창밖에 밤은 깊고 비는 오는데 窓外三更雨

등잔불만 고요히 비추어 주네 燈前萬里心

　남북국시대(통일신라시대)에 뛰어난 학자이자 문장가였던 고운孤雲 최치원崔致遠의 한시 「추야우중秋夜雨中(비 오는 가을밤에)」입니다. 6두품 집안 출신이었던 최치원은 신라에서는 아무리 뛰어나도 6두품의 한계를 벗어날 수 없음을 알고 868년 12세의 나이에 당나라로 유학을 떠납니다. 당나라에 간 최치원은 "졸음을 쫓기 위해 상투를 매달고 가시로 살을 찌르며, 남이 백을 하는 동안 나는 천의 노력을 했다"라는 기록을 남길 만큼 열심히 공부했지요. 그 결과 빈공과賓貢科에 장원으로 합격했습니다. 이후 최치원은 황소의 난이 일어나자 그 유명한 '토황소격문討黃巢檄文'을 써서 능력을 인정받고 황

세상에 알아주는 이 없고, 창밖에 비는 오는구나.

제에게서 정5품 이상에게 하사하는 붉은 주머니, 즉 자금어대紫金魚袋를 받
기에 이릅니다. 그 뒤 17년 동안의 당나라 생활을 접고 고국 신라로 돌아오
지요.

　최치원은 이후 신라 개혁을 위해 몸부림치다가 중앙 귀족들 때문에 성공
하지 못하고 은둔하게 됩니다. 그리고 경주의 남산, 강주(오늘날의 진주), 합
천의 청량사, 지리산 쌍계사, 동래의 해운대 등에 발자취를 남기고 신선이
되었다고 하지요. 가을바람 쓸쓸하게 불고 비가 내리는 가운데 은둔한 최치
원이 곱씹었을 아픔이 전해오는 듯합니다.

빈공과　　중국 당나라 때 외국인에게 보게 하던 과거.

아름다운 우리문화 산책

ⓒ 김영조, 2017

초판 1쇄 2017년 4월 10일 찍음
초판 1쇄 2017년 4월 14일 펴냄

지은이 | 김영조
펴낸이 | 강준우
기획·편집 | 박상문, 박효주, 김예진, 김환표
디자인 | 최진영, 최원영
마케팅 | 이태준
인쇄·제본 | 대정인쇄공사

펴낸곳 | 인물과사상사
출판등록 | 제17-204호 1998년 3월 11일

주소 | (121-839) 서울시 마포구 서교동 392-4 삼양E&R빌딩 2층
전화 | 02-325-6364
팩스 | 02-474-1413

www.inmul.co.kr | insa@inmul.co.kr

ISBN 978-89-5906-439-7 03380

값 16,500원

이 책은 한국출판문화산업진흥원의 출판콘텐츠 창작자금을 지원받아 제작되었습니다.

이 도서의 국립중앙도서관 출판예정도서목록(CIP)은 서지정보유통지원시스템 홈페이지
(http://seoji.nl.go.kr)와 국가자료공동목록시스템(http://www.nl.go.kr/kolisnet)에서 이
용하실 수 있습니다.(CIP제어번호: CIP2017007067)